HISTOIRE

DE PERSE

Mœurs, Usages et Coutumes de ce Pays.

PAR Mme LAURE BERNARD

ROUEN

MÉGARD ET Cie, IMPRIM.-LIB.

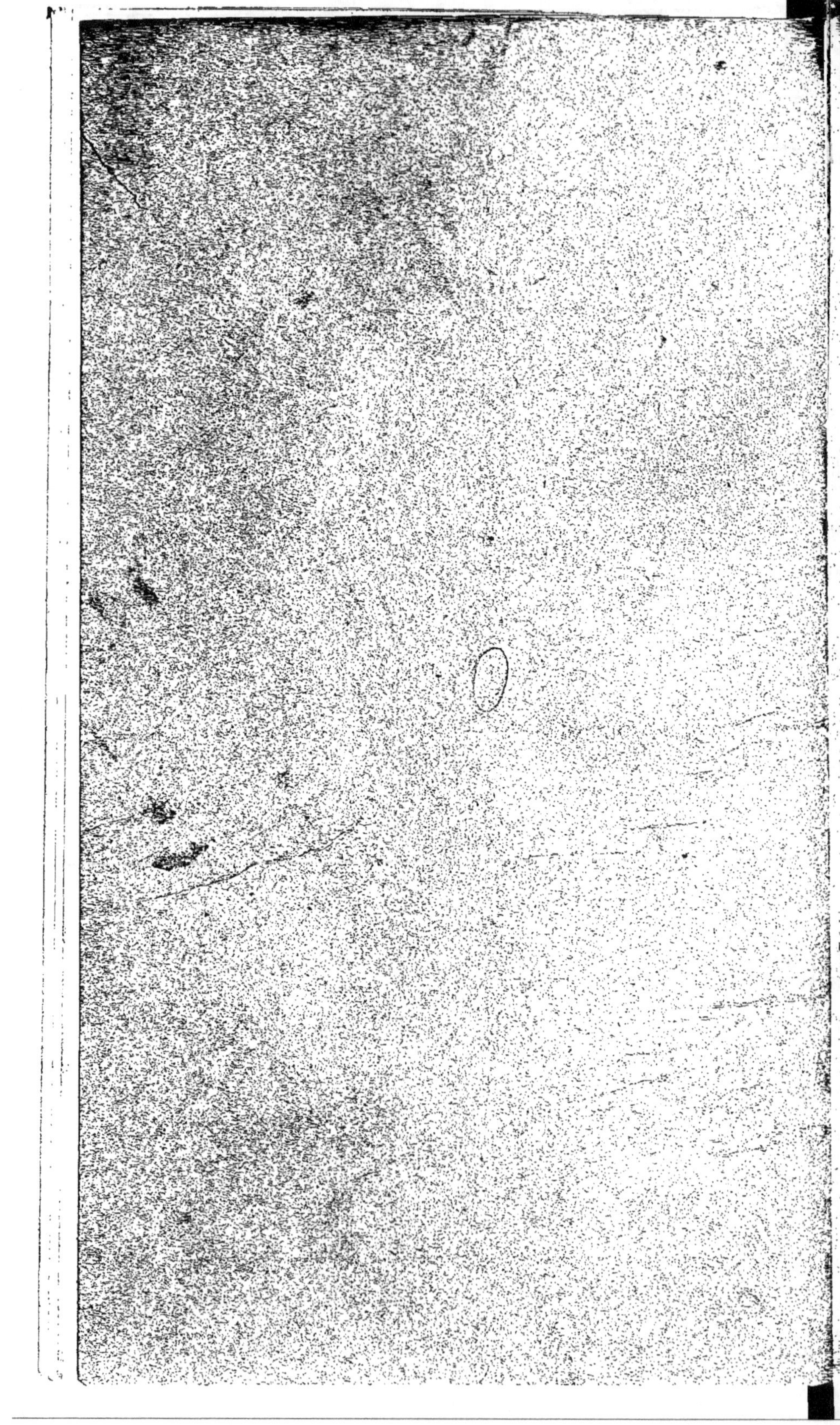

BIBLIOTHÈQUE MORALE

DE

LA JEUNESSE

Costumes Persans.

HISTOIRE

DE PERSE

Mœurs, Usages et Coutumes de ce Pays

PAR Mme LAURE BERNARD

ROUEN

MÉGARD ET Cie, IMPRIM.-LIBRAIRES

Avis des Éditeurs.

Les Éditeurs de la **Bibliothèque morale de la Jeunesse** ont pris tout-à-fait au sérieux le titre qu'ils ont choisi pour le donner à cette collection de bons livres. Ils regardent comme une obligation rigoureuse de ne rien négliger pour le justifier dans toute sa signification et toute son étendue.

Aucun livre ne sortira de leurs presses, pour entrer dans cette collection, qu'il n'ait été au préalable lu et examiné attentivement, non-seulement par les Éditeurs, mais encore par les personnes les plus compétentes et les plus éclairées. Pour cet examen, ils auront recours particulièrement à des Ecclésiastiques. C'est à eux, avant tout, qu'est confié le salut de l'Enfance, et, plus que qui que ce soit, ils sont capables de découvrir ce qui, le moins du monde, pourrait offrir quelque danger dans les publications destinées spécialement à la Jeunesse chrétienne.

Toute observation à cet égard peut être adressée aux Éditeurs sans hésitation. Ils la regarderont comme un bienfait non-seulement pour eux-mêmes, mais encore pour la classe si intéressante de lecteurs à laquelle ils s'adressent.

AVERTISSEMENT

ou

INTRODUCTION.

—

Nous nous proposons de publier une série de livres du même genre que celui-ci. Il nous semble que c'est répondre à un progrès accompli dans l'éducation moderne, de donner toute l'extension possible aux lectures de la jeunesse.

C'est surtout en assistant aux cours de M. Lévi que nous avons conçu la nécessité d'un nouveau développement dans les ouvrages d'éducation. Grâce à leurs études éclairées, précises, étendues, les nombreuses élèves des cours méthodiques de M. Lévi sont familiarisées de bonne heure avec tous les événements de l'histoire générale.

Pour ces élèves, qui ont dépassé les anciennes limites de l'éducation, il faut un choix d'ouvrages appropriés à leurs études, et cependant rédigés avec toute la convenance que réclame notre jeune public. Le sentiment maternel, guide infaillible dans un semblable travail, sera notre première garantie, comme dans les autres volumes que nous avons adressés à la jeunesse.

En ce moment, nous voulons reproduire tour à tour les mœurs, les traditions, les coutumes des peuples orientaux, et leur propre histoire comme ils la racontent.

L'excellent ouvrage de sir John Malcolm a inspiré à M. Lévi la première idée du recueil que nous ouvrons. C'est après lui avoir fait part de mes projets sur ce livre, que M. Lévi m'a engagée à compléter mon travail par une série d'histoires du même genre, destinées à ses élèves,

En lisant ce livre, on remarquera que l'histoire de Perse, racontée par les Persans eux-mêmes, omet presque tous les faits rapportés par les Grecs. Accuserons-nous Hérodote, Ctésias, Xénophon, de mensonge? Le séjour d'Hippias à la cour de Darius, le règne de Xerxès, les batailles de Marathon, de Salamine, ont-elles été inventées à plaisir, puisque les annales de la Perse ne conservent aucune trace de faits aussi importants?

D'abord, à comparer les différents récits qui nous sont parvenus, il est facile de voir que l'accord se trouve du côté des historiens grecs, à peu de différences près, tandis que les récits persans n'offrent, jusqu'au règne d'Alexandre, qu'un tissus d'aventures féeriques. En cela, hâtons-nous de le dire, les Persans ne sont pas toujours volontairement coupables de mensonge, c'est surtout par ignorance qu'ils racontent le passé d'une manière aussi infidèle.

A l'époque où les sectaires de Mahomet envahirent la Perse, ils imposèrent leurs croyances par le massacre et la dévastation. Les temples et les villes saintes furent rasés, les livres des saints brûlés, et les mages, dépositaires des traditions nationales, périrent en même temps qu'on anéantissait les documents historiques de la Perse.

Quatre siècles seulement après ces désastres, un poète nommé Dukiki reçut l'ordre de faire un poëme épique qui devait contenir l'histoire des rois de Perse, depuis Kaïomurs jusqu'à Yezdijird.

L'ouvrage était peu avancé lorsque le poète mourut de la main d'un de ses esclaves. L'entreprise échut alors à Ferdosi, qui, par l'ordre de Mahmoud de Ghizné, rassembla tous les matériaux qu'il put se procurer, et composa le célèbre poëme intitulé : *Shah-Nameh,* ou *Livre des Rois.* Cette histoire, surchargée d'inventions poétiques, contient à peu près toute la science des Persans sur leur antique monarchie.

Le poète historien ne savait rien de la Médie, des empires de Babylone, de Syrie, d'Égypte et des temps reculés de la Grèce. Pour simplifier son travail, il a fait de la Perse et du Turan le théâtre de toutes les guerres. De même un seul prince, auquel il accorde un règne de deux ou quatre cents ans, souvent beaucoup plus, représente une dynastie entière ou une époque de domination étrangère. Les faits de plusieurs héros sont encore attribués à un seul; mais le rapport des événements montre cependant une coïncidence évidente entre Hérodote et Ferdosi.

HISTOIRE DE PERSE.

CHAPITRE I.

Dynastie Abadienne.

Tous les peuples de la terre racontent diversement l'origine du monde ; mais, sous la fable la plus absurde en apparence, on retrouve toujours une copie défigurée des traditions que la Bible a transmises, dans leur réalité, aux nations restées fidèles à la parole divine.

Les Persans ont orné leur histoire de faits merveilleux, des circonstances les plus détaillées sur la vie de leurs héros, et chaque jour les conteurs de profession inventent mille épisodes nouveaux relatifs à l'existence de ces héros dont les noms servent de points d'appui à toutes les fictions imaginables.

Des premières révolutions du globe, les narrateurs at-
titrés conviennent modestement qu'ils savent peu de chose,
si ce n'est que, bien des générations ayant successivement
péri, il est toujours resté un homme et une femme chargés de repeupler le globe et de recommencer une meilleure race que la précédente.

D'après ces historiens, le grand Abad (ou Mah-Abad)
serait le père de la génération actuelle. Lui et sa nombreuse postérité, encore sous l'impression des récentes
catastrophes de la terre, n'osaient pas refaire d'établisse-
ments stables. Ils s'abritaient dans les fentes des rochers,
demeuraient dans des cavernes, et ne connaissaient aucune des commodités de la vie. Dieu reprocha à Mah-Abad
d'abandonner ainsi la civilisation des hommes qu'il lui
avait confiés. Alors Mah-Abad reprit courage et, se souvenant d'un meilleur temps, il découvrit à ses enfants
tous les genres d'industrie qui leur manquaient. La laine
des brebis servit encore à tisser des étoffes. Mah-Abad
instruisit les hommes à rendre un aspect agréable à la
nature en plantant de beaux jardins. Il leur apprit également à forger des armes, à bâtir des villes, des palais, et à
fortifier des places de guerre en les entourant d'enceintes
de murs.

Le règne de ce régénérateur et de ses treize descendants
est réputé l'âge d'or de la Perse. Azer-Abad, le dernier
prince de cette dynastie, ayant abdiqué le trône pour

vivre dans la dévotion et la retraite, l'ordre général fut encore une fois bouleversé. Les passions haineuses reprirent leur empire, et la fureur des guerres devint telle, racontent les poètes, que le sang coulait avec plus d'abondance que l'eau des rivières; et pour donner plus de force à cette assertion, ils ajoutent qu'on employait le sang pour mettre en mouvement les moulins destinés à préparer les aliments des hommes. Enfin, après une lutte acharnée, ce qui resta de la population terrestre retomba dans la barbarie et vécut à l'état des bêtes féroces.

Le Seigneur était bien près de se lasser à la vue de tant de perversité; cependant, comme il y avait quelques justes parmi les méchants, Dieu consentit à faire grâce à cette misérable race. Un ange fut envoyé vers Jy-Affram, et lui apporta l'ordre de relever le trône des Abadiens et d'en prendre possession. La civilisation reprit son œuvre sans avoir plus de durée. Il en arriva ainsi plusieurs fois. Schah, Kulir, Mahaboul, Yessan et Kaiomurs ou Gilshah vinrent, à des époques éloignées, reprendre la tâche périlleuse de régner sur des hommes tombés dans l'abrutissement et livrés à tous les excès de la barbarie.

CHAPITRE II.

—

Dynastie Paishdadienne.

KAIOMURS est le premier roi de la Perse dont le règne se rattache à nos annales. Quelques historiens prétendent qu'il était le petit-fils de Noé. Entouré d'une nombreuse famille, renommé pour sa justice et sa piété, Kaiomurs ne parvint cependant pas à étendre l'influence de son exemple au-delà du cercle de ses proches. Il eut des guerres à soutenir contre des magiciens (ou dyvs) * , et perdit son fils Siamuck dans le premier engagement. Ce malheur avait fort abattu le roi. Houshung, le fils de Siamuck, demanda, selon l'usage persan, à venger la mort de son

* Les Persans donnaient habituellement ce titre à tous les peuples versés dans les connaissances qui leur étaient étrangères.

père. On leva une nouvelle armée ; elle était faible en nombre ; mais les lions, les tigres et les panthères réfugiés dans les états de Kaiomurs vinrent au secours des Persans, et les dyvs furent massacrés dans leur fuite par les merveilleux auxiliaires du roi surnommé le Juste. L'histoire de Perse est semée de faits semblables consignés avec gravité dans les livres réputés authentiques par tous les érudits du royaume.

Houshung eut un règne pacifique et le consacra à faire prospérer son pays. Il fonda des villes célèbres, inventa des arts utiles, et fit construire des aqueducs d'une immense longueur, destinés à rendre fertiles et habitables des pays privés d'eau. Ces aqueducs, tels qu'on les établit encore en Perse, sont formés par des canaux souterrains sur lesquels on ouvre des puits étroits placés à des distances rapprochées les unes des autres. Le réservoir est alimenté par toutes les sources qui se rencontrent sur le chemin du canal pendant qu'on le creuse. Des hommes sont chargés de descendre dans les conduits pour les nettoyer et les entretenir. Les Persans attribuent encore à Houshung la composition d'un livre très-estimé parmi eux.

Après quarante ans de règne, Houshung laissa le trône à son fils Tahamur, surnommé Dyvs-Bund (qui lie les sorciers). Le ministre de ce prince aida beaucoup aux succès magiques qu'il obtint. En étudiant avec réflexion l'histoire fabuleuse des Persans, on peut démêler le vrai du faux, dans les différentes circonstances que cette histoire rapporte. La science des adversaires de Tahamur leur mérita ce titre de sorcier, si souvent donné aux ennemis du royaume. Il paraît certain que Kaiomurs, Houshung et Tahamur rendirent la liberté à plusieurs de leurs prisonniers, qui les initièrent à leur savoir. Les monarques persans appliquèrent à la prospérité de leur pays les connaissances qu'ils eurent le bon esprit d'acquérir.

Djemchyd, instruit sans doute à l'école des prétendus dyvs, succéda au roi son oncle, bien que Tahamur eût un fils. La splendeur du trône emprunta un nouveau lustre des créations somptueuses de ce souverain. Persépolis, la plus belle des villes de l'antiquité, fut fondée sous son règne. Le palais du prince surpassa en grandeur tout ce qu'on avait vu jusqu'alors. Il reste encore des fragments de cette construction colossale, que les antiquaires ne se lassent pas d'admirer. Des colonnes de soixante-douze pieds de haut, pour la plupart renversées aujourd'hui sur leur fût, sont travaillées avec une délicatesse inimitable ; cependant la pierre en est extrêmement dure. On trouve aussi dans l'enceinte du palais de très-belles statues, et plusieurs images de Djemchyd figurent dans les bas-reliefs. Il est représenté brûlant du benjoin et rendant un culte religieux au soleil. Ailleurs on le voit saisir d'une main la crinière d'un lion, qu'il poignarde avec son autre main.

La splendeur des habits et de la couronne de Djemchyd offensait les yeux de ses sujets, comme les rayonnements du soleil, lorsqu'il se montrait en public assis sur son trône d'or. En ce temps-là le vin était encore inconnu aux Persans. Le roi, descendant du petit-fils de Noé, l'inventa à son tour, par un singulier hasard. Djemchyd aimait, dit-on, extrêmement le raisin. Il voulut en faire conserver dans des vases qui furent portés dans les caves de son palais. La saison des fruits passée, le roi se souvint de sa réserve et s'en fit apporter un échantillon. On ne trouva dans les vases qu'un jus fermenté et tellement désagréable au goût, que personne ne voulut en reprendre, après avoir essayé d'en mettre un peu sur le bord de ses lèvres.

Cependant Djemchyd poursuivit son expérience. Le jus fut gardé par son ordre ; seulement il recommanda qu'on écrivît le mot poison sur les vases qu'il fit ranger dans sa propre chambre. Bientôt après, une des femmes du roi se trouva prise de douleurs de tête si violentes, qu'elle résolut de se détruire pour s'affranchir de son mal. Se fiant à l'inscription mise sur le jus de raisin, elle but plusieurs verres du prétendu poison et tomba subitement dans un profond sommeil. Chaque fois que les douleurs de tête revinrent, la malade ne manqua pas d'avoir recours aux vases si injustement étiquetés. Le roi ne s'aperçut du larcin que lorsque son vin fut entièrement épuisé.

On eut bien de la peine à tirer des aveux de la coupable ; mais Djemchyd lui ayant témoigné beaucoup de sollicitude sur la peine qu'elle avait dû éprouver en buvant une liqueur aussi acide, la malade convint franchement que le remède était loin d'avoir les défauts que le roi lui supposait, et que le goût de cette boisson lui avait au contraire semblé fort agréable. L'année suivante, des essais furent multipliés, et l'expérience démontra que, par un travail successif, le jus de raisin arrivait à l'état de vin.

Les Persans prirent tant de goût à ce breuvage, que le nom de *zeer-e-koosh*, qu'on lui donne encore aujourd'hui, signifie littéralement le délicieux poison. La loi de Mahomet a banni l'usage du vin des coutumes ostensibles ; mais au temps de Djemchyd, et pendant plusieurs siècles après lui, le prétendu Noé de la Perse obtint une grande reconnaissance pour la précieuse découverte qu'on lui devait. Peut-être doit-on attribuer au goût que Djemchyd prit pour le vin, les excès qui gâtèrent la fin de son règne. Devenu vieux, Djemchyd se proclama dieu et fit distribuer un grand nombre de ses statues dans le royaume, afin que ses sujets l'adorassent perpétuellement. Des murmures d'indignation éclatèrent de toutes parts contre l'ambitieux monarque. Un prince syrien nommé Zohâc profita de cette circonstance pour attaquer le roi de Perse. L'armée se déclara contre Djemchyd, qui fut obligé d'abdiquer en un jour son trône et sa divinité pour sauver sa vie en prenant la fuite. Son ennemi le fit implacablement poursuivre partout où il se réfugia. Caché dans la province du Seistan, Djemchyd était parvenu à se faire aimer d'une princesse du pays qui s'unit à lui en secret. Zohâc découvrit sa retraite, et Djemchyd parcourut successivement l'Inde et la Chine, ayant toujours sur ses traces les émissaires de son ennemi. A la fin, le fugitif capturé fut amené en présence de Zohâc. Le vainqueur accabla d'humiliations le prince déchu, et le condamna à périr sous ses yeux par le plus cruel des supplices. On plaça le roi détrôné entre deux planches, et son corps fut scié avec une arête de poisson. La veuve de Djemchyd ne survécut pas à la mort de son mari; elle mit volontairement fin à ses jours en apprenant que le roi était tombé au pouvoir de Zohâc. Elle laissa un fils nommé Atrut, dont Roustem, l'arrière-petit-fils, devint plus tard le plus célèbre des héros persans et le sauveur et l'appui de son pays.

Ici la fiction envahit encore l'histoire, et Zohâc, devenu un objet d'horreur pour la nation, est représenté comme l'allié ostensible du démon. D'abord, disent les auteurs persans, il se laissa persuader par le diable de tuer son vertueux père Murdas et de manger de la chair des bestiaux; action réputée tellement impie, que les contemporains de Zohâc la mettent sur la même ligne que le premier crime. Satan, joyeux d'avoir formé un disciple si docile, demanda au roi, pour prix des services qu'il lui avait rendus, de l'embrasser sur les deux épaules. Zohâc consentit imprudemment à cette prière ; chaque baiser donna naissance à un effroyable serpent, et les deux monstres dressèrent leurs têtes sifflantes au-dessus de la tête du monarque. Malgré l'épouvante que cette nouvelle causa dans le palais, les sujets du prince espérèrent qu'il allait périr le premier des morsures des hideux animaux. Mais ce n'était pas ainsi que le diable prétendait assouvir leur fureur. Satan reparut bientôt, déguisé sous la figure du plus habile des médecins du roi. Il conseilla à Zohâc de nourrir ses serpents avec des cervelles humaines, s'il voulait se préserver de leurs atteintes, pour son propre compte.

CHAPITRE III.

—

L'Étendard du Forgeron.

PERSONNE ne pouvait résister aux volontés d'un roi si terriblement armé. Chaque jour deux Persans furent immolés pour subvenir au repas ordonné. Le sort tomba une fois sur les deux fils d'un forgeron d'Ispahan, nommé Kawèh. Cet homme plein de courage résolut de sauver à la fois ses enfants et son pays et, s'enfuyant avec les deux jeunes gens dans les montagnes, il rassembla des partisans autour de lui et se déclara en état de révolte ouverte. Feridoun, le descendant direct de Tahamur, vint rejoindre le forgeron avec ses partisans. Depuis longtemps Zohâc poursuivait le jeune prince dans le dessein de se défaire de ce dangereux compétiteur au trône ; mais Feridoun semblait toujours échapper par miracles aux poursuites dirigées contre lui. Une fois, pendant qu'il était encore enfant, Zohâc avait appris qu'un paysan lui donnait asile ; le roi envoya promptement ses gardes chez le pauvre berger : il était seul chez lui en ce moment avec la vache nourrice de Feridoun. Le paysan et la vache tombèrent sous les coups des envoyés du roi. En mémoire de cette cruauté, le prince portait pour arme une masse de fer terminée par une tête de vache. Kawèh rassembla bientôt un grand nombre de ses compatriotes autour du prince, et Feridoun, pour lui témoigner sa reconnaissance, voulut que le tablier du forgeron devînt l'étendard de son armée. On l'orna de pierres précieuses, et, par la suite, les monarques persans tinrent à honneur de l'enrichir, en sorte que, bien des années après, lorsque les Mahométans envahirent la Perse, le *Diefchi-Kaouany* (étendard du forgeron) fut pris et envoyé au calif Omar, comme le plus magnifique présent qu'il fût possible de lui faire, tant il était couvert d'éclatantes et inappréciables pierreries.

L'armée de Zohâc ne tarda pas à s'avancer au-devant des révoltés. La victoire demeura longtemps incertaine, le roi étant protégé par mille enchantements que la vertu de Feridoun parvint difficilement à surmonter. A la fin, cependant, le bon droit triompha, et Zohâc, fait prisonnier, reçut le châtiment que méritaient ses crimes. Le petit-fils de Tahamur monta sur le trône, et lui et ses sujets furent parfaitement heureux durant une grande partie de son

règne. La fin en fut amèrement troublée par la révolte de
ses deux fils Selm et Thour, qui avaient eu pour mère la
fille de Zohâc. Erydje, né d'une princesse de Perse célèbre
par sa beauté, méritait par sa douceur et sa vertu la préférence dont il était l'objet auprès de son père. Selm et Thour
craignaient beaucoup le roi ; aussi cachaient-ils de leur
mieux la jalousie qu'ils ressentaient contre leur frère.

Les trois jeunes princes furent mariés aux trois filles
d'un roi d'Arabie, et Feridoun résolut de partager ses états
entre ses enfants, pour leur épargner des contestations
après sa mort. Il donna à Selm la Turquie moderne ; Thour
régna sur la Tartarie et une partie de la Chine ; Erydje
conserva la Perse. Les nouveaux souverains partirent
immédiatement pour leurs différentes destinations. Les
deux aînés étaient indignés de voir leur frère possesseur
du siége du royaume, et tous deux résolurent de travailler
de concert à la perte du favori du roi. Arrivés dans leurs
états, ils envoyèrent des messagers à Feridoun pour lui
reprocher son injustice et sa partialité, lui enjoignant avec
menace de revenir sur les dispositions faites. Le vieillard,
troublé par la peur d'une guerre entre ses fils, représenta
aux ambassadeurs de Thour et de Selm que, sa vie ne pou-
vant pas être désormais bien longue, il suppliait les princes
de le laisser finir en paix. Erydje, instruit à son tour du
chagrin de son père, vint le prier de lui permettre d'aller
résilier sa couronne entre les mains de ses frères. Feridoun

céda en pleurant au vœu de son fils ; mais, pour ôter tout prétexte aux hostilités, il écrivit lui-même aux princes révoltés que la démarche d'Erydje avait son plein consentement, et qu'il s'en remettait à la générosité de ses enfants pour traiter leur frère selon sa noble conduite. Confiant dans ses bonnes intentions, Erydje se présenta sans défense auprès de Selm et de Thour; les deux princes l'attirèrent encore davantage par des manières affables et, quand ils se furent rendus maîtres de sa personne, ils le firent massacrer par leurs esclaves malgré les touchantes remontrances du prince. S'il demanda grâce pour sa vie, ce fut seulement au nom de son malheureux père ; mais le souvenir de Feridoun servit au contraire à exciter la colère des assassins. Erydje tomba sous les coups que ses frères dirigeaient. Pour compléter leur vengeance, Selm et Thour envoyèrent à Feridoun la tête de son malheureux fils. Le vieillard s'évanouit à ce douloureux spectacle, et quand il revint à lui, élevant entre ses mains défaillantes la tête de ce fils chéri, il appela la justice du Ciel sur les meurtriers d'Erydje, leur donna sa malédiction en jurant de les poursuivre jusqu'à ce que leur sort touchât de compassion les monstres des forêts.

Pour accomplir ce vœu, Feridoun devait cependant attendre qu'un des descendants d'Erydje fût en état de seconder sa vengeance. La fille unique du prince, appelée Peri-Cheher, ou Figure de Fée, avait bien un fils ; mais il était encore en bas âge. Néanmoins les dispositions viriles qu'annonçait Manoutchehr rendirent l'espoir et le courage au vieux roi. Son petit-fils, objet de sa tendresse exclusive, recueillit sans peine dans son jeune cœur l'indignation devenue impuissante dans le corps affaibli du père d'Erydje. A peine le prince eut-il atteint l'âge de manier des armes, que son grand-père le mit à la tête d'une nombreuse armée, commandée par le grand Sam, un guerrier redoutable et le premier ministre du royaume. Sam était le descendant en troisième ligne d'Atrut, fils de Djemchyd et de la belle princesse du Seistan.

Histoire de Zal.

SELM et Thour commencèrent à trembler en se voyant menacés par des forces bien supérieures à celles qu'ils pouvaient réunir à la hâte. Ils s'humilièrent en demandant humblement pardon à leur père ; ils le pressèrent d'envoyer Manoutchehr vers eux, afin qu'ils pussent expier à ses pieds le crime dont ils s'étaient rendus coupables.

« Vous ne verrez jamais votre neveu que vêtu de fer et suivi par mes armées, » répondit Feridoun, révolté à ces indices d'une nouvelle trahison. La guerre commença. Manoutchehr tua ses deux oncles de sa propre main, et l'empire recouvra sa tranquillité par cette éclatante victoire ; le vieux roi vint recevoir à pied le jeune vainqueur pour

le féliciter de ses succès. Manoutchehr n'eut pas plus t
aperçu son grand-père en cet état, qu'il descendit de so
cheval, se prosterna devant Feridoun, et embrassa
terre en signe d'humilité. Touché d'une si grande défé
rence, le monarque ôta sa couronne pour la poser sur
front de Manoutchehr, qu'il institua roi à sa place. Fer
doun mourut peu de temps après, laissant pour guide
son fils Sam-le-Sage, aussi distingué par sa haute valeu
que par sa naissance royale.

« Regardez chaque jour de votre vie comme une pag
de votre histoire, dit Feridoun à son petit-fils, dans le
dernières instructions qu'il lui donna, et prenez gard
qu'il vienne s'y inscrire rien qui soit indigne de la pos
térité. »

Le règne de Manoutchehr est considéré comme celui d
Sam et c'est à ce conseiller qu'on attribue la prospérit
dont l'empire jouit à cette époque ; aussi parle-t-on beau
coup du ministre et fort peu du roi pendant la vie d
Manoutchehr.

Par un malheureux hasard, le fils aîné de Sam vint a
monde avec des cheveux blancs. Si la superstition expliqu
aujourd'hui en Perse cette singularité, il est probable que
d'après l'événement, on regarde un pareil indice comme l
signe d'une longue vie. Mais le ministre ni les devins, qu
ne savaient rien encore de l'avenir du nouveau-né, n'e
tirèrent aucun augure favorable. Sam, profondément afflig

de cette disgrâce, appela l'enfant du nom de Zal, qui signifie vieux.

S'imaginant bientôt que Zal devait être l'enfant de quelque dyw (sorcier) et non le sien, il le fit exposer sur une haute montagne très-rapprochée du soleil, disent les Persans, et bien éloignée de la demeure des hommes. Un griffon * femelle s'empara de l'enfant, le nourrit et le protégea contre tous les dangers de sa fâcheuse situation. Cependant Sam ne tarda pas à se repentir de sa barbarie, et dans un moment où le sage déplorait la perte de son fils, une voix mystérieuse lui apprit que le protecteur du monde avait eu pitié de l'enfant rejeté par son père, et lui avait envoyé des moyens de salut.

Aussitôt Sam partit pour la montagne d'Elbury et la gravit jusqu'à son sommet avant de retrouver l'enfant qu'il cherchait. Zal était devenu grand ; mais le griffon lui avait enseigné à respecter son père ; et un songe ayant averti le jeune prince de l'arrivée prochaine de Sam, il le reconnut aussitôt et se prosterna devant lui. Après avoir ramené son fils à la cour de Manoutchehr, le ministre, nommé gouverneur d'une partie de la Perse, emmena Zal avec lui dans le Seistan, la patrie de sa famille. Mes lecteurs ne tarderont pas à retrouver, dans les fabuleuses aventures de Zal, l'origine de plus d'un conte de fée.

* Ou semurgh, nom qui signifie en persan trente oiseaux.

L'éducation première du jeune prince lui laissa un goût passionné pour les excursions solitaires et pour la chasse ; il se laissait entraîner fort loin sans penser à retourner vers les lieux habités. Un jour, après une marche forcée à travers des pays inconnus, Zal arriva au pied d'une tour enchantée où se trouvait une belle princesse captive, qui, du haut de sa prison, daigna jeter sur lui des regards bienveillants. La main de cette princesse devait être le prix de celui qui parviendrait à pénétrer dans la demeure de la belle recluse avec son consentement. Aucun moyen ne s'offrait cependant pour tenter l'aventure ; la tour était fort élevée, et les murs, d'une pierre dure, glissante et polie, n'offraient ni la plus légère saillie, ni la plus mince ouverture.

Avant que Zal quittât la montagne d'Elbury, le griffon lui avait donné trois plumes, en lui conseillant d'en brûler une chaque fois qu'il se trouverait dans un grand embarras. L'occasion était pressante ; à peine eut-il employé le talisman, que la belle princesse, ingénieusement inspirée, détacha ses beaux cheveux, qui, prenant un accroissement subit, tombèrent en anneaux jusqu'au pied de la tour. Zal les saisit à l'instant et s'en servit comme d'une échelle pour arriver sur la plate-forme où l'attendait la princesse Boudabah. Elle apprit au prince qu'elle était fille du roi de Caboul, de la race de Zohâc, et l'engagea à la demander à son père. Le roi de Caboul, heureux de s'allier à Sam-le-Sage, donna son consentement à cette union, également sanctionnée par la volonté du père de Zal.

Bientôt Boudabah mit au monde un enfant géant; il ne fallut pas moins de sept nourrices pour l'allaiter, et, quelques mois après, sept moutons suffisaient à peine à la nourriture journalière du merveilleux enfant.

Les actions de la jeunesse de Roustem, celles de toute sa vie répondirent à ce début. La fable et l'histoire se lient si étroitement dans les récits dont il est l'objet, qu'il est difficile de restituer au héros persan la véritable part de gloire qui lui appartient, selon le bon sens et la vérité. Dans un de ses premiers exploits, le fils de Zal montra qu'il savait allier la ruse à la force lorsqu'il combattit ses ennemis. Etant arrêté depuis trois mois devant un fort imprenable, il se déguisa en marchand de sel pour s'introduire dans la place défendue. Les sacs du prétendu marchand renfermaient tous un homme résolu et bien armé. Pendant la nuit, Roustem délivra les captifs et mit sur pied ses intrépides soldats. Ils s'emparèrent de la citadelle, massacrèrent la garnison, et recueillirent un immense trésor caché depuis longtemps dans cette forteresse, dite imprenable jusque-là.

Nouzer, le fils de Manoutchehr, négligea tous les conseils de son père, en prenant le trône après lui. Pour se livrer sans obstacle à ses passions, il disgracia Sam et Zal, les conseillers les plus dignes de le diriger. La nation ne tarda

pas à se révolter contre les caprices de son nouveau maître.
Nouzer, effrayé des premiers symptômes d'insubordination,
rappela l'ex-ministre à sa cour. Dès que Sam reparut, les
nobles s'empressèrent autour de lui en le suppliant de
prendre la couronne pour lui-même. Le vieillard s'y refusa
noblement et promit qu'il allait employer tous ses efforts
pour rendre le jeune roi digne de son rang.

Le roi du Turan venait d'armer son fils Afrasiab pour
venger la mort de Selm et de Thour. Il s'avançait en Perse
à la tête de trente mille hommes, et une réputation de
haut courage précédait le guerrier du Turan. Sam mourut
avant de pouvoir ordonner le plan de défense. Cette perte
découragea les Persans et redoubla le courage des agresseurs. La victoire se déclara d'abord en faveur de ceux-ci.
Kobad, un des fils du forgeron de Kawèh, périt dans le
premier combat, et Nouzer prit honteusement la fuite
devant l'ennemi ; mais comme il revint à la charge une
seconde fois, et périt les armes à la main, sa mémoire fut
sauvée du mépris attaché à sa défaite.

Zal était resté auprès de son beau-père, le roi de Caboul,
pendant que ces événements se passaient. Nouzer avait
craint de se donner trop de maîtres à la fois en appelant
à son secours toute la génération de Sam. La couronne de
Perse devint le partage d'Afrasiab. Il se fit amener les
nobles du royaume, enchaînés devant lui, et voulut les
faire mettre à mort. Le frère du conquérant implora la

grâce des vaincus et s'engagea à les tenir sous sa garde
dans la forteresse de Zarri, située dans la province de
Mazendran.

Informé de la conduite de ce chef du Turan, Zal lui
envoya des messages pour obtenir la liberté des prisonniers. Le prince ennemi voulut tirer parti de sa position,
et promit ce qu'on demandait de lui, à condition qu'il
serait placé sur le trône au lieu de son frère. A ce prix les
captifs de Zarri seraient remis au pouvoir de Zal. Afrasiab
découvrit cette trahison; il manda son frère à la cour, et
lui trancha la tête de sa propre main, en présence de tous
les chefs du Turan venus en Perse sous ses ordres.

Dynastie Kaianienne.

Les morts successives de plusieurs prétendants au trône
de Perse appelèrent à la royauté Kai-Kobad *, un des descendants de Manoutchehr, qui vivait caché dans la montagne d'Elbury. Roustem, député vers ce prince par son
père, ne tarda pas à découvrir sa retraite. Kai-Kobad dit
à l'envoyé, après avoir écouté son message, que, un songe
l'ayant déjà averti de sa haute destinée, il était prêt à
rejoindre Zal pour être proclamé roi.

Après un repas plus abondant que somptueux, le jeune

---

* Kaïd-Kobad est le Déjocès des Grecs.

prince et Roustem se rendirent au camp. Zal assembla les chefs de l'empire et demanda leur suffrage avant d'élire Kai-Kobad. Cette cérémonie à peine terminée, le nouveau roi répondit à l'attente générale en se confinant dans son palais pour laisser l'administration du royaume à Zal. Celui-ci commanda encore à son fils Roustem d'aller combattre Afrasiab qui venait de passer l'Oxus et de rentrer en Perse. La défaite de l'armée ennemie est un des plus hauts faits du descendant de Sam. Zal avait remis entre ses mains la massue du ministre de Manoutchehr ; ainsi armé, Roustem porta la terreur dans les rangs des Tartares. Dédaignant la jeunesse de Roustem, Afrasiab lui porta un défi en même temps qu'il rejetait ses armes, pour montrer au fils de Zal qu'il n'avait besoin que de sa propre force pour le vaincre. Roustem laissa tomber sa massue et s'avança au-devant du roi ennemi. Le combat ne dura qu'un instant : le héros persan, maître de son adversaire, le saisit par la ceinture, l'enleva de sa selle et lui prit la riche couronne qu'il portait sur sa tête. Dans le mouvement que fit Roustem pour montrer Afrasiab à ses soldats, la ceinture du prisonnier se rompit et le roi tomba par terre ; alors les Tartares se précipitèrent en si grand nombre pour défendre leur chef, qu'il eut le temps de prendre la fuite. Les insignes de sa puissance restèrent seulement entre les mains du vainqueur. Une paix glorieuse suivit la défaite des assaillants, qui s'engagèrent à ne plus passer l'Oxus et à reconnaître Kai-Kobad pour le légitime souverain de la Perse.

Les poètes n'accordent pas moins de cent vingt ans de règne à Kai-Kobad. Feridoun avait encore, selon eux, occupé le trône pendant cinq cents ans, et ils ne craignent pas de pousser l'invraisemblance jusqu'à faire vivre les mêmes ministres pendant deux ou trois générations de ces princes si miraculeusement vieux.

Kai-Kobad eut quatre fils; il laissa le trône à l'aîné, Kai-Kaous, et recommanda à Arish, Roum et Armen, d'obéir en tout à leur frère. Le choix paternel n'eut pas de très-bons résultats. Kai-Kaous *, très-porté à tenter des entreprises, manquait absolument d'habileté pour les conduire à bien. Une fois, excité par les récits merveilleux qu'une de ses femmes lui faisait de la beauté et de la fertilité du Mazendran (ancienne Hyrcanie), le jeune roi résolut de conquérir cette province. Les grands du royaume s'opposèrent fortement à un projet aussi peu raisonné; ils prièrent Zal de détourner le roi d'aller combattre des peuples barbares, qu'ils désignaient sous le nom de dyvs ou sorciers. Le vieux ministre ne fut point écouté. Kai-Kaous le pria seulement de se charger du gouvernement du royaume en son absence. Zal refusa de reprendre le poste que son âge avancé lui avait fait quitter; mais il pro-

---

* Ce prince, qui est un des ancêtres maternels de Cyrus, nous est connu sous le nom de Cyaxarès.

mit de donner ses conseils à Mylad, que le roi laissait à la tête des affaires.

Quand le roi du Mazendran apprit que l'armée persane était en marche, il demanda du secours à un prince du nord désigné sous le nom de Démon-blanc, probablement à cause de sa sagesse et de la couleur de son teint. La magie sembla en effet seconder les prétendus dyvs ; car, en plein jour, une obscurité profonde s'étendit tout-à-coup sur les deux armées. Le prince du Nord, averti par une prédiction du sage Thalès de Milet qu'il y aurait une éclipse de soleil ce jour-là, sut profiter de cette circonstance, et les Persans, frappés de terreur, furent tués ou faits prisonniers sans avoir opposé la moindre résistance. Kai-Kaous, confié à la garde d'Arjung, trouva une rude prison au lieu de la conquête qu'il avait méditée, et, par ordre du roi vainqueur, on demandait chaque jour au prisonnier comment il trouvait le délicieux climat dont il avait tant souhaité de jouir.

La nouvelle de ce désastre répandit la consternation parmi les Persans. Zal dit à son fils Roustem d'aller délivrer le roi captif. Il fallait un courage plus qu'ordinaire pour lutter contre des hommes protégés par la magie. Roustem sut allier la force à l'adresse pour les réduire. Son entreprise se termina par la mort du roi dyv, appelé Suffyd, que le fils de Zal tua dans un combat singulier. Les sujets du prince vaincu se soumirent à Kai-Kaous et lui firent présent d'un trône d'or. Son libérateur était assis à sa droite, sur un siége de même métal.

Après la perte de son allié, le roi de Mazendran ne résista pas longtemps aux armes de Roustem ; il fut tué, et son pays devint une province de la Perse. Awlad, général dyv, en obtint le commandement à la prière de Roustem, qui faisait un grand cas de la bravoure de ce chef devenu son allié.

Kai-Kaous retourna à Ispahan, et le royaume jouit de quelque temps de sécurité. Mais bientôt le roi eut la fantaisie d'épouser la fille d'Hamavran, un de ses voisins moins puissants que lui. Le prince, n'osant pas refuser ouvertement l'offre du roi de Perse, usa de ruse pour l'attirer dans ses états. Il lui proposa une partie de chasse à laquelle devait assister Sudaba, que le roi recherchait en mariage. Kai-Kaous aurait dû se défier de sa fortune ; cependant il donna dans le piége, et Hamavran, après l'avoir traîtreusement assailli, le retint prisonnier sur ses terres.

Afrasiab, qui épiait tous les symptômes de trouble intérieur, pour reprendre la guerre avec avantage, saisit cette occasion pour franchir de nouveau l'Oxus et recommencer les hostilités sur la frontière de Perse.

Dans sa détresse, le roi fit un nouvel appel à Roustem ; les grands de Perse imploraient également son courage pour repousser l'invasion. Roustem jugea que la position du roi réclamait d'abord son assistance, et il marcha contre

Hamavran avec autant de forces qu'il en put rassembler.
Les rois d'Egypte et de Barbarie secondèrent l'ennemi de
Kai-Kaous. Ces deux princes furent faits prisonniers dans
le premier engagement ; dès-lors le héros persan dicta lui-
même les conditions de la paix. Non-seulement Kai-Kaous
recouvrait sa liberté, mais les trois princes vaincus s'obligèrent à joindre leurs armes à celles des Persans pour
repousser Afrasiab hors du royaume investi. Sudaba, la
fille d'Hamavran, se rendit à la cour d'Ispahan, où le roi
devait l'épouser après l'expédition terminée.

La guerre ne dura pas longtemps. Les Tartares recu-
lèrent précipitamment devant les forces imposantes réunies
contre eux, et Kai-Kaous reparut en vainqueur dans sa
capitale.

Une douloureuse histoire, une histoire pleine *des larmes
de l'œil*, dit un poète persan, se rattache à ce dernier
triomphe de Roustem. Seize ou dix-sept ans auparavant,
une des femmes de Roustem ayant eu un fils, elle trompa
son mari sur le sexe de l'enfant pour conserver le droit de
l'élever auprès d'elle. Les précautions maternelles ne parvinrent pas à détruire les inclinations belliqueuses du fils
de Roustem, et dès qu'il fut en âge de manier des armes,
le jeune Sohrab s'échappa du palais de sa mère pour aller
combattre sous les drapeaux d'Afrasiab. Sa prodigieuse
valeur l'éleva bientôt au rang de commandant de l'armée.
Sohrab avait changé de nom, pour que le bruit de sa

renommée n'éveillât pas les inquiétudes maternelles, et Roustem, ainsi que cela était familier aux guerriers de son temps, quitta également son nom pendant la guerre qu'il soutint contre Afrasiab. Aussitôt que le général persan eut entendu parler des exploits du jeune chef tartare, il résolut de l'attaquer. Tous deux reconnurent, en mesurant leurs forces, qu'ils rencontraient un digne adversaire. Trois fois les combattants se joignirent. Dans la première lutte, Sohrab eut l'avantage. Une seconde fois il accorda la vie à son père. Quand les héros se retrouvèrent en présence pour la dernière fois, Sohrab, atteint d'un coup mortel, dit à son ennemi de se garder de la vengeance du grand Roustem, qui ne lui pardonnerait pas facilement la mort de son fils. A ces paroles, le guerrier tomba sans mouvement auprès du blessé et, quand il revint à lui, il conjura Sohrab de lui donner la preuve de son malheur. Le jeune prince ouvrit sa cotte de maille et découvrit à Roustem un sceau que sa mère lui avait attaché sur le bras en lui apprenant qu'il était le fils du héros de la Perse. C'était pour se rendre digne de son père, et pour se relever de l'éducation fémi-nine qu'il avait reçue, que Sohrab se plaça d'abord dans les rang de l'armée d'Afrasiab.

À la vue de son propre sceau, Roustem voulut se dé-truire avec les mêmes armes qui lui enlevaient un fils d'une si haute espérance. Les prières du mourant arrêtèrent seules cette funeste résolution. On transporta le jeune prince dans la tente de son père ; mais il ne vécut que peu d'heures après sa défaite. Roustem fit brûler tout ce qui avait appartenu à son fils, et lui-même, après avoir permis à Afrasiab de sortir du territoire de Perse, emporta dans le Seistan le corps de Sohrab. La nouvelle de cette mort jeta le désespoir dans le cœur de la mère du jeune prince ; elle mit le feu à son palais et voulut périr au milieu des flammes. Ses serviteurs parvinrent cependant à l'en arracher malgré sa résistance à leurs efforts. En vain Roustem chercha-t-il à son tour à consoler la princesse ; elle lui demanda pour toute grâce à revoir les dépouilles de son fils et son cheval de bataille. On crut bien faire en cédant à ses vœux. La raison de la pauvre mère succomba à cette vue ; elle devint tout-à-fait folle et ne consentit plus à se séparer des habits ensanglantés de Sohrab et du cheval qui l'avait porté. On la vit tirer son arc, manier sa lance, son épée et sa massue, dont elle menaçait tous ceux qui voulaient la séparer des tristes souvenirs qu'elle défendait. Elle ne vécut pas longtemps en cet état ; mais la raison ne lui revint plus, et son âme ne tarda pas, ajoute le poète, à aller rejoindre l'âme de son héroïque enfant.

Des fêtes somptueuses se préparaient à la cour pour le mariage de Sudaba et de Kai-Kaous. Le roi n'était pas très-jeune, il avait déjà plusieurs femmes, et la fille d'Hamavran aurait préféré épouser Siawush, l'héritier présomptif du trône, dont la mère était une nièce d'Afrasiab. Le roi avait chargé Roustem du soin d'élever le jeune prince. Siawush répondit aux soins de son précepteur, et les dons de son esprit rehaussaient puissamment sa beauté et sa valeur personnelle. Sudaba était pleine d'artifice et de coquetterie; elle cherchait à plaire au fils du roi et, pour y parvenir, elle se parait avec une recherche inimitable, et comblait Siawush de prévenances. Le jeune prince, au contraire, redoublait de réserve, et la simplicité de ses vêtements contrastait toujours davantage avec le luxe de la future reine. Enfin, Sudaba, croyant qu'elle n'avait pas été comprise, se hasarda à parler ouvertement de ses projets à Siawush, et l'encouragea, par ses discours, à s'emparer du pouvoir et de la couronne de Kai-Kaous, pour se placer avec elle sur le trône de Perse.

Siawush rejeta les conseils de cette femme et, plein de respect pour la volonté de son père, il évita avec soin toutes les occasions de se rencontrer avec sa future belle-mère. La princesse ne tarda pas à se venger de cette noble conduite. A peine eut-elle épousé le roi qu'elle accusa Siawush de tous les desseins qu'elle avait eus. Et le roi, ébranlé dans sa confiance paternelle, aurait retiré ses bonnes grâces à son fils, si Roustem n'était arrivé à temps pour défendre la cause de son élève; Kai-Kaous apprit, bientôt après son mariage, qu'Afrasiab était fort inquiet de la signification d'un songe qu'il venait de faire. Le roi avait rêvé qu'après une défaite on lui coupait la tête pour l'envoyer à son ennemi. L'opinion d'une partie des astrologues fut qu'il fallait mépriser ce présage et le prendre en sens inverse de l'avis qu'il semblait donner. Les autres devins au contraire disaient que les songes des femmes portaient seuls ce caractère de folie, et que l'avertissement annonçait certainement malheur au roi Afrasiab. Kai-Kaous voulut reprendre la guerre. Roustem et Siawush partirent pour la frontière. Le roi tartare, effrayé cette fois, demanda la paix, et les deux généraux la lui accordèrent à des conditions fort avantageuses pour la Perse ; des otages confiés à Siawush garantissaient l'exécution des promesses d'Afrasiab. Dans toute autre circonstance, Kai-Kaous aurait été content ; mais Sudaba chercha à lui persuader que cette paix le frustrait d'une victoire complète sur Afrasiab, et qu'il aurait certainement reçu la tête de son ennemi si le combat se fût donné.

Le roi de Perse laissa éclater cette fois son ressentiment contre son fils. Il lui donna l'ordre d'envoyer ses otages à Ispahan, et de remettre le commandement de l'armée à Zous, qui avait l'ordre de recommencer la guerre. Siawush reconnut l'influence de sa belle-mère dans sa disgrâce ; il refusa de se prêter à une action inique en sacrifiant les otages donnés à la condition d'une trêve, et passa avec eux dans le camp du prince tartare. De là il écrivit à son père que la haine de la princesse Sudaba, et l'ascendant qu'elle exerçait dans le conseil royal l'obligeaient à quitter la Perse pour sauver sa vie et son honneur constamment poursuivis par sa belle-mère. Afrasiab reçut le prince persan avec la plus cordiale hospitalité, l'appela son fils, et le traita comme tel pendant plusieurs années. Le visir du roi, Pyran-Wisa, se prit aussi d'une vive affection pour Siawush et lui offrit sa fille en mariage. Pyran-Wisa était un homme si sage et de si haute réputation, que, pour désigner encore aujourd'hui en Asie un homme qui donne de bons conseils aux rois, les flatteurs le comparent au visir d'Afrasiab.

CHAPITRE IV.

—

L'Enfance de Kai-Khousrou (Cyrus).

Le crédit du fils de Kai-Kaous augmenta tellement, qu'il épousa bientôt la belle Féringes., fille d'Afrasiab, et reçut en dot les pays de Tchyn et de Khoten *, où il se retira avec sa famille pour attendre la mort de son père. Siawush améliora les provinces qui lui étaient confiées; il bâtit la ville de Kung, dont le climat était si tempéré, qu'on disait communément que la chaleur n'y était pas chaude, et que le froid n'y était pas froid. La vie du prince semblait parfaitement heureuse, lorsque de sourdes intrigues, suscitées de loin par Sudaba, son implacable ennemie, vinrent l'accabler de nouveau. Guersyvas, un des frères d'Afrasiab,

* Tartarie Chinoise.

se chargea de lui persuader que Siawush ne cherchait qu'à se rendre indépendant, pour enlever à son pouvoir le pays qu'il gouvernait au nom du roi. Même en supposant le prince coupable de perfidie, Afrasiab voulait respecter les lois de l'hospitalité et permettre à Siawush de sortir sauf de ses états. Sudaba ne l'entendait point ainsi. Instruit par elle, Guersyvas représenta à son frère qu'il serait dangereux pour lui de laisser partir en ennemi un prince qui avait si longtemps vécu parmi eux comme un des leurs. Siawush connaissait à fond les ressources du royaume, et nul ne serait désormais plus capable que lui d'employer tous les moyens possibles pour le réduire. D'ailleurs, ajoutait le perfide conseiller, le prince persan s'était déjà fait un parti puissant parmi les Tartares, et un châtiment imprévu devait seul punir efficacement sa trahison. Afrasiab se laissa vaincre par ces raisonnements; la mort du prince fut résolue et exécutée. Une guerre terrible devait punir ce crime. La barbarie des ordres donnés s'étendit jusqu'à la fille d'Afrasiab et à Kai-Khousrou, son fils nouveau-né. On craignait que l'enfant ne tirât un jour vengeance de la mort de son père. Pyran-Wisa, chargé de surveiller ce meurtre, épargna le fils et obtint la grâce de la mère. Kai-Khousrou fut confié à un berger. Le ministre envoya dire au roi qu'il avait été exposé dans le désert. Ses soins ne se bornèrent pas là. Il assura au fils de Siawush une éducation digne de sa naissance et de ses destinées futures. Ses premières années s'écoulèrent dans une retraite profonde ; cependant Afrasiab, ayant recueilli quelques bruits sur l'existence du fils de Siawush , demanda sévèrement à son visir s'il avait méprisé ses ordres. Pyran-Wisa répondit au roi qu'un berger avait en effet trouvé l'enfant, mais que le pauvre Kai-Khousrou était tout-à-fait imbécile. Le roi demanda à le voir. Instruit par son protecteur, Kai-Khousrou remplit si bien son rôle, qu'Afrasiab, après avoir donné le prince stupide en spectacle à sa cour, le renvoya vivre en paix avec sa mère au tombeau de Siawush.

Kai-Kaous, qui avait éprouvé un vif chagrin de la mort de son fils, résolut d'en tirer vengeance. Il rassembla une armée et en donna le commandement à Roustem, aussi affligé que le roi lui-même de la perte de Siawush. Cependant le général déclara qu'il ne marcherait contre Afrasiab qu'à la condition que Sudaba serait mise à mort. Aucune offre de la part du roi ne put changer cette résolution , et Kai-Kaous sacrifia malgré lui la femme qui l'avait si mal conseillé. Dans une première bataille, l'avantage resta aux troupes persanes. Afrasiab voulut combattre en personne pour réparer cet échec. Roustem le mit en fuite, lui et les siens, et, selon l'usage encore en vigueur en Perse de nos jours, Kai-Kaous reçut la tête de plusieurs généraux ennemis avec la nouvelle de la victoire remportée.

Pour enlever aux vainqueurs leur plus cher espoir, Afrasiab envoya chercher Kai-Khousrou dans l'intention de le faire périr. Pyran-Wisa représenta au roi que cette action ferait le plus grand tort à sa renommée ; il supplia le monarque d'expatrier le jeune prince au-delà des mers de la Chine, d'où il ne pourrait sûrement jamais revenir. Kai-Khousrou subit en effet cet exil. Peu de temps après, Afrasiab lui-même fut obligé de sortir de ses états. Roustem y commanda en maître pendant sept ans, puis, laissant son fils Feramuz à sa place, il revint à la cour du roi de Perse offrir ses services à son souverain.

On avait perdu toute trace des voyages de Kai-Khousrou ; les efforts de Roustem avaient échoué en le faisant rechercher par des émissaires partis du Turan. Un général nommé Gyves, descendant du célèbre forgeron, reçut la mission d'aller dans toute la Chine pour retrouver le fils de Siawush. Il fallut bien des années et les exploits les plus merveilleux pour mettre fin à cette expédition. Quand on amena Kai-Khousrou devant son grand-père, le roi de Perse descendit de son trône, et, remettant son pouvoir au jeune prince, il ordonna à ses sujets de regarder désormais le fils de Siawush comme leur souverain. Zous protesta seul contre cette détermination, et déclara que Feribuz, le fils de Kai-Kaous, ne devait pas céder ses droits à celui qui était petit-fils d'Afrasiab par sa mère. Gyves prit parti pour le prince, qu'il ramenait au prix de mille périls ; une querelle sanglante faillit s'engager au pied du trône. Le roi de Perse, fort inquiet des suites de sa décision, déclara qu'il reprenait sa couronne, et qu'il enverrait les deux compétiteurs combattre les Dyws, pour choisir à coup sûr le plus digne de lui succéder.

Feribuz partit le premier : il échoua dans ses entreprises. Kai-Khousrou se couvrit de gloire, et le trône lui appartint sans contestation. Zal et Roustem, retirés dans le Seistan, revinrent pour saluer leur nouveau roi et lui offrir de riches présents. Kai-Khoursou les reçut avec les marques de la plus haute distinction. Toute la cour applaudit à la conduite du jeune roi, et la respectueuse déférence qu'il conservait pour son grand-père lui attira l'estime et l'affection de ses sujets *.

Chassé du Turan, Afrasiab passa plusieurs années à rassembler de nouvelles forces pour combattre ceux qui s'étaient emparés d'une partie de ses états. Pyran-Wisa le seconda puissamment ; il vainquit Feribuz, général persan, et Gudruz perdit contre le redoutable ministre tartare une bataille où périrent soixante-dix de ses fils et petit-fils. La guerre commencée pour venger la mort de Siawush devint toujours plus acharnée par les pertes réciproques éprouvées dans les deux partis.

Roustem releva la fortune de Kai-Khousrou ; mais Afrasiab était rentré dans la possession de son royaume.

* Kai-Khousrou est le Cyrus des Grecs.

CHAPITRE V.

—

Byjun de Bostoum.

Gyves, qui avait ramené Kai-Khousrou en Perse, jouissait d'un grand crédit à la cour, et son fils Byjun devint le favori du roi. Les faveurs dont Byjun était comblé excitèrent la jalousie de Gourgin, qui flattait bassement le prince sans pouvoir obtenir sa confiance. Dans son dépit, Gourgin épia l'occasion de perdre son heureux rival. Cette occcasion ne se fit pas attendre. Des paysans parurent un jour devant le roi en lui demandant son secours pour délivrer leurs terres d'une troupe de sangliers qui dévastaient les champs et détruisaient les récoltes. Byjun réclama l'honneur de cette chasse. Gourgin fut désigné pour accompagner le jeune pelhivan *.

Après avoir répondu à l'attente des paysans en les dé-

---

* Pelhivan signifie héros.

barrassant des ennemis dont ils se plaignaient, Byjun songea à revenir auprès du roi. Il avait recueilli un grand nombre de défenses de sangliers, et dit à Gourgin qu'il comptait les faire monter en or et les mettre au cou de son cheval de bataille.

Les envieux s'aigrissent pour les moindres circonstances. Gourgin, qui avait été moins heureux dans sa chasse, pensa que le favori du roi cherchait à l'humilier en parlant ainsi ; cependant, comme la prudence l'obligeait à déguiser son ressentiment, il essaya, par mille soins captieux, d'entraîner Byjun dans une belle vallée où il le retint plusieurs jours. Là, les deux chasseurs se trouvaient près de la frontière du Turan. Gourgin entretint agréablement le jeune homme de mille récits surnaturels, et il avait eu le soin de faire approvisionner sa tente de vins recherchés, des mets et des fruits qu'il savait plaire davantage à son hôte. En véritable Persan, Byjun aimait les contes avec passion ; il se laissa prendre par cet attrait, et ne parlait plus de retour.

« Seigneur, lui dit Gourgin, quand il se sentit suffisamment établi dans la confiance de son rival pour le pousser à une action téméraire, je vous ai entretenu jusqu'ici de faits bien loin de nous ; mais il dépend de vous de surpasser en vaillance et en bonheur tous nos héros. Le sort vous réserve sans doute le plus éclatant succès, si vous daignez tenter l'aventure que je vais vous proposer. »

Byjun, déjà fasciné par les récits qui avaient monté son imagination, saisit avec ardeur les idées de l'adroit Gourgin.

« Tout près d'ici, reprit le séducteur, dans une vallée qui surpasse celle-ci en éclat et en variété, autant que l'oiseau aux ailes déployées l'emporte sur le vermisseau rampant, la fille d'Afrasiab, la belle Monéja, habite un palais de marbre où elle tient sa cour. On dirait que la nature s'est embellie à dessein autour d'elle pour lui rendre des hommages dignes de sa beauté. La terre de l'heureuse vallée ressemble à du velours, l'air y est chargé de parfums. Les eaux des ruisseaux répandent l'odeur de l'essence de rose. Les fleurs se balancent mollement sur leurs tiges. Dans leur parure, les buissons imitent l'éclat et la symétrie des bosquets de nos jardins. L'écho répète incessamment les chants de la tourterelle et du rossignol qui peuplent avec mystère les bois de cyprès. Quand le monde ne sera plus, le Créateur voudrait en vain accorder à ses élus de plus délicieuses demeures dans le paradis. Sur les côteaux et dans la plaine, on voit errer des groupes charmants de jeunes filles plus fraîches et plus élégantes que l'imagination ne nous représente les fées. Ce sont les suivantes de Monéja, qui est mille fois plus encore leur reine par sa beauté que par son rang. Sa sœur Sistra, resplendissante de gloire et d'attraits, a presqu'autant de droits qu'elle aux hommages des mortels. De si ravissantes créatures doivent être conquises par des héros. Allons vers leur retraite, un jour de marche suffira pour nous y conduire, et, au lieu des vils trophées de notre chasse, nous offrirons à Kai-Khousrou un butin digne d'orner la cour d'un grand roi. »

Dupe de cet artifice, Byjun partit pour surprendre, dans sa retraite, la fille d'Afrasiab. Gourgin s'était bien gardé de le prévenir qu'une nombreuse garde défendait les approches du palais. Quand ils furent assez près pour ne plus s'écarter de la route qui y conduisait, Gourgin proposa au pelhivan de se séparer, afin de tenter l'aventure sur deux points à la fois, et, tournant la bride de son cheval, il revint en grande hâte à la cour de Perse, où il joua la plus vive surprise en entendant dire que Byjun ne l'avait pas devancé de quelques jours.

Les inquiétudes que manifesta le roi se propagèrent dans toute la cour. On ne parlait plus que de la disparition du jeune héros. Les plus grands seigneurs proposèrent d'aller à sa recherche. Toutes les tentatives furent inutiles. Alors Kai-Khousrou fit demander les devins, et l'un d'eux, possesseur du Jam-e-Jeham-Numai (miroir de l'univers), lui montra enfin le lieu où était le fils de Gyves. Le roi manqua de tomber à la renverse de douleur. « Roustem seul, s'écria-t-il, peut mettre à fin une aventure aussi périlleuse que celle qui se présente. »

Malgré sa valeur personnelle, Byjun n'avait pu se défendre contre l'armée d'Afrasiab campée sous les murs du château de Monéja, et le roi, irrité de la démarche téméraire du favori de la cour de Perse, avait fait suspendre Byjun dans un puits, où il était attaché par les talons. Heureusement pour le prisonnier, la fille d'Afrasiab prit son sort en pitié, et Kai-Khousrou, en l'apercevant dans le miroir magique, ne tarda pas à être témoin des soins que prenait de lui la merveilleuse Monéja.

Accoutumé à combattre pour de grands intérêts, Roustem eut cependant la générosité de compromettre sa sûreté personnelle pour délivrer le captif. Il se rendit à la capitale d'Afrasiab à la tête du corps d'armée qu'il commandait ; puis, ayant fait cacher ses soldats, il pénétra, sous un déguisement, à la cour du monarque ennemi. Monéja, complice des ruses du héros, aida Roustem à délivrer le fils de Gyves, qui regagna bientôt l'armée persane avec la princesse de Turan, devenue sa femme. Quand Afrasiab sut qu'il perdait à la fois sa fille et son prisonnier, il entra dans une violente colère et fit poursuivre les ravisseurs. Ses troupes reçurent l'ordre de s'emparer également de Roustem. Ce général avait eu le temps de rallier son monde quand l'armée d'Afrasiab l'atteignit ; la victoire lui resta, et Byjun revint auprès de son souverain. Kai-Khousrou, charmé du succès de cette expédition, se jeta par terre en rendant grâces au Seigneur, lorsque Roustem reparut devant lui.

Pour mieux honorer le triomphe de son général, il lui remit une couronne royale avec permission de la porter désormais, et le roi la plaça lui-même sur la tête du fils de Zal. Gourgin, prévoyant le châtiment qui le menaçait, vint demander humblement pardon à Byjun, en le suppliant de ne pas le perdre. Le jeune héros eut la générosité de ne pas divulguer cette trahison, dont le résultat tournait tout-à-fait à son avantage.

Durant le temps que Sohrab était resté à la cour d'Afrasiab, il s'était marié à une princesse tartare, dont il eut un fils appelé Bourzou. Le jeune homme commençait à occuper un rang distingué dans l'armée ennemie. Roustem, qui ignorait la naissance de Bourzou, faillit le tuer dans une rencontre sur le champ de bataille. Le fils de Sohrab se fit reconnaître à son grand-père, et Roustem, le pressant avec joie dans ses bras, l'entraîna dans son parti. Cette circonstance accrut encore le ressentiment d'Afrasiab, et la guerre recommença avec une nouvelle activité. Dans une mêlée, Bourzou se rencontra contre Afrasiab; mais il s'éloigna bientôt de lui pour ne pas attenter à ses jours. A peine le roi eut-il reconnu son adversaire, que, dédaignant le soin de sa défense, il traita le petit-fils de Roustem de vil parvenu, et lui dit qu'il était bien osé de s'attaquer à un roi qui lui avait donné du pain. Le jeune guerrier irrité allait se précipiter sur le prince tartare ; l'action générale, les séparant à propos, épargna une lâcheté au fils de Sohrab.

Les chances de la guerre avaient conduit l'armée dans le Seistan. Roustem supplia le roi d'accepter l'hospitalité dans sa demeure. Rien ne manqua à la somptuosité de la réception du souverain de la Perse chez le plus puissant de ses sujets. Pendant une semaine entière, les festins et les divertissements se succédèrent avec une abondance et un luxe merveilleux, dans le palais de Roustem. De riches tapis et des tentures d'or éblouissaient la vue ; les perles et les diamants enrichissaient le service de la table ; des coupes d'un travail féerique, les vases les plus précieux contenaient des vins exquis et des fruits d'une rare beauté. Une multitude d'esclaves magnifiquement habillés semblaient deviner les moindres désirs des convives. L'encens et les parfums brûlaient de toutes parts, et le monarque de la Perse, accoutumé à une splendeur inconnue aux peuples de son temps, ne put s'empêcher de témoigner quelque surprise de la haute magnificence inventée par son hôte pour mieux lui rendre hommage.

Quand le roi quitta le palais honoré par sa présence, Roustem demanda à son maître de lui permettre désormais de vivre dans la retraite, et le pria d'agréer les services de son fils Feramuz et de Bourga, son petit-fils, à la place des siens. Kai-Khousrou y consentit à regret ; mais il donna cependant des postes éminents aux jeunes princes.

La guerre entre Afrasiab et Kai-Khousrou avait été commencée pour venger le meurtre de Siawush ; d'autres meurtres alimentaient chaque jour la haine des deux camps.

Pyran-Wisa, le sage conseiller d'Afrasiab, envoya un message à Gudruz, son adversaire, et lui dit : « La mort de Siawush a déjà coûté bien du sang ; nos combats ne le rendront pas à la vie, et la destruction multiplie ses coups par les mains des guerriers. Vous convient-il de terminer cette sanglante querelle entre quelques braves ? Nous épargnerons ainsi nos soldats. »

Cette proposition fut acceptée. Gudruz et Pyran-Wisa se choisirent pour adversaires. Le combat entr'eux fut terrible. Le ministre tartare tomba sous son cheval, blessé, et se cassa le bras dans sa chute ; mis hors de combat par cet accident, il chercha à se retirer. Gudruz le poursuivit, et, quand il l'eut approché, il pria le ministre de se rendre et lui promit la vie sauve. Pyran-Wisa déclara qu'il aimait mieux se défendre dans l'état où il se trouvait que de servir au triomphe de son ennemi, et, poussant sa lance de sa main gauche, il blessa légèrement son adversaire. Alors Gudruz ne garda plus de ménagements et, la mort de ses soixante-dix fils ou petits-fils revenant à son souvenir, il lança sa javeline au cœur du vieillard, et l'étendit sans vie à ses pieds ; puis, recueillant le sang de Pyran-Wisa dans sa main, il le but à la mémoire de Siawush et à celle de sa propre famille, et se teignit le visage et les mains dans ce sang. Pour se conformer aux usages de la guerre, il lui restait encore un acte de vengeance à remplir ; il leva son épée dans le dessein de trancher la tête du cadavre; un sentiment de respect imprimé par la vue de ce noble vieillard, et le souvenir de sa haute réputation de gloire et de sagesse, arrêtèrent son bras. Il laissa le corps de Pyran-Wisa à la place où il était tombé.

Au dire des historiens nationaux, les autres champions persans n'auraient pas été moins heureux. Gudruz les retrouva tous au camp, ayant ramené leurs ennemis morts attachés à la queue de leurs chevaux.

Le fils de Gudruz fut chargé d'aller rechercher les restes de Pyran-Wisa. Kai-Khousrou, saisi de pitié pour celui qui l'avait protégé dans sa jeunesse, oublia le meurtre de son père Siawush et, ne se souvenant plus que des bienfaits du ministre tartare, il ordonna qu'on lui fît de somptueuses funérailles. Le corps embaumé avec soin fut déposé dans un mausolée avec un trône, une masse d'armes et tous les insignes d'honneur employés aux obsèques des plus éminents personnages.

Afrasiab ne se tint pas pour battu. Il envoya son propre fils défier Kai-Khousrou. Shedah s'acquitta du message de son père avec une arrogance extraordinaire, et le monarque persan, acceptant son défi, ne tarda pas à le punir de sa témérité.

La nouvelle de la mort de son fils augmenta le désespoir d'Afrasiab, toujours malheureux, mais jamais découragé.

Il se présenta inconsidérément dans la mêlée d'une bataille ; les Persans l'entourèrent et le conduisirent prisonnier à la cour de Kai-Khousrou. La loi de représaille, loi toute-puissante en Perse, décida du sort du roi captif. Afrasiab mourut de la même mort qu'il avait fait subir à Siawush. Après cet acte de sévérité, que les mœurs de son pays lui apprenaient à regarder comme un acte de justice, Kai-Khousrou descendit du trône pour aller vivre dans la retraite et mener une vie religieuse *.

Roustem reçut comme propriétés héréditaires Caboul, Zabulistan et Nemroz. Zous eut le Khorassan de moitié avec Ferabuz, fils du roi. Kai-Khousrou laissait le trône à Lohrasp, son successeur d'adoption, et enjoignit à chacun de lui obéir fidèlement. Ces dispositions prises, continue

* Xénophon fait mourir Cyrus dans son lit. Hérodote rapporte une autre version, et celle-ci, que nous allons raconter, est la plus en crédit parmi les historiens.

Le roi de Perse, étant en guerre avec les Messagites, leur abandonna ses vins par stratagème, et, profitant du moment où l'ivresse plongeait ses ennemis dans le désordre, Cyrus (que nous nommons Kai-Khousrou d'après l'auteur persan) battit leur armée et fit prisonnier le fils de la reine Thomyris. Touché des reproches de la reine, Cyrus relâcha son fils ; mais le prince vaincu se tua de désespoir de sa défaite. — Thomyris rassembla toutes ses forces, attaqua Cyrus, le battit et le tua, et fit plonger sa tête, séparée de son corps, dans un vase rempli de sang, pour le rassasier, disait-elle, du sang qu'il avait tant aimé à voir couler durant sa vie. Le poète persan a évidemment voulu cacher la dernière défaite de Kai-Khousrou, en le faisant descendre du trône par sa propre volonté.

le poète, le roi se rendit dans un lieu solitaire, auprès d'une source où il avait résolu de s'établir. Les seigneurs qui avaient obtenu de Kai-Khousrou la permission de le conduire jusque-là, périrent au retour, dans une effroyable tempête. Personne depuis lors n'a pu découvrir la demeure du solitaire roi *.

* Le règne de Lohrasp comprend ceux des mages Cambis et Smerdis. — Goushtasp, son fils, est le Darius, fils d'Hystaspe, des Grecs.

CHAPITRE VI.

Kattyoune et Goushtasp.

L'autorité de Lohrasp pouvait être mise en discussion.
Sa haute prudence et ses nobles qualités affermirent gra-
duellement son pouvoir. On le vit témoigner une affection
toute particulière aux enfants de son prédécesseur. Goushtasp, fils de Lohrasp, en conçut de la jalousie et conspira
contre son père; mais, ayant échoué dans ses projets, il
s'enfuit dans les contrées occidentales, où sa vie fut semée
de mille aventures romanesques.

Un empereur, que l'auteur persan ne nomme pas, avait
une très-belle fille, Kattyoune; elle était près de se marier;
la loi de son pays l'obligeait à choisir, seulement sur sa
bonne tournure, celui des jeunes seigneurs de la cour qui
lui plairait davantage. Jamais encore elle n'avait adressé

Alexandre descendit de cheval, s'approcha du roi avec tous les
témoignages d'une profonde douleur et d'un grand respect.

la parole à aucun homme de quelque rang qu'il fût. Kattyoune était élevée dans l'enceinte de son palais; des femmes seules l'approchaient pour la servir, et, son père et les princesses de sa famille exceptés, personne n'était admis à la voir. Cependant on savait généralement qu'elle était fort belle, et les plus hauts partis se disputaient l'honneur de son alliance. Il ne s'agissait pas de l'emporter dans un tournois; les jeunes seigneurs, *galamment parés*, comme on disait autrefois, montés sur des chevaux richement caparaçonnés, passaient sous le balcon fermé de jalousies où se tenait la princesse. Quand son inclination se prononcerait en faveur d'un des prétendants, la blanche main, qui sortait entre les lames mobiles de la jalousie, devait laisser tomber aux pieds du cavalier l'orange que Kattyoune tenait étroitement serrée.

La princesse restait irrésolue entre mille rivaux, lorsque Goushtasp, suivant par hasard le chemin ouvert, reçut le fruit inutilement envié par tous les prétendants. L'empereur se montra fort irrité d'une préférence qu'il croyait offensante pour la dignité de son rang. L'usage de ces unions fut aboli, et le monarque contraignit sa fille à quitter la cour pour aller vivre misérablement avec le mari qu'elle préférait aux premiers partis de l'empire.

Goushtasp, en effet, n'avait que le dénuement à offrir à la plus belle fille de roi que la fable ait jamais produite. Heureusement les détails de ménage étaient encore en ce pays-là assez familiers aux plus grandes dames. Kattyoune sut prendre son parti avec beaucoup de dignité, et sa fierté n'eut même plus rien à souffrir quand elle apprit que son mari était, comme elle, l'enfant disgracié d'un puissant roi. Seulement le Persan ne dit pas à sa femme qu'il n'avait que trop mérité la sévérité paternelle.

Une calamité publique changea le sort des deux époux. Le bruit se répandit que plusieurs contrées de l'empire étaient dévastées par un lion et un dragon de force et de grosseur prodigieuses ; le péril se rapprochait chaque jour davantage du centre du pays. L'empereur, partageant la désolation commune, déclara qu'il accorderait la main des deux filles qui lui restaient à ceux qui détruiraient les redoutables monstres. Les princesses aimaient deux jeunes seigneurs auxquels on les destinait depuis le mariage de Kattyoune. Ce changement dans les vues de leur père les désolait ; car elles craignaient d'être données à quelque adroit paysan ou à des magiciens. Alors elles se souvinrent de leur sœur, et pensèrent que Goushtasp serait peut-être bien aise de saisir cette occasion de rentrer en grâce. Les jeunes seigneurs vinrent vers lui et le prièrent d'entreprendre cette chasse qui effrayait leur courage. Ils ajoutèrent que Goushtasp, moins habitué qu'eux aux usages du luxe et de la mollesse, joignait sans doute au bel air et à la haute taille qui avaient touché la fille de l'empereur, une bravoure faite pour justifier le choix de

Kattyoune. Goushtasp ne put s'empêcher de sourire en pensant que les émissaires de ses belles-sœurs croyaient s'adresser à leur inférieur sous le rapport du rang en venant vers lui. Kattyoune aurait bien voulu parler ; mais son mari lui fit signe de garder son secret. « Du moins, dit-elle à son mari, vous n'allez pas vous exposer au danger qu'on vous propose. »

— Au contraire, lui répondit Goushtasp, je suis charmé de saisir cette occasion de me faire connaître dans ce royaume; la chasse étant un des plaisirs favoris de ma nation, je ne connais pas de péril qui puisse mettre mon adresse en défaut. Ne craignez rien pour moi. » Le prince assura donc les deux jeunes seigneurs qu'il allait employer tous ses efforts à les servir. Sa poursuite fut couronnée du plus heureux résultat. Goushtasp se présenta à la cour, chargé de la dépouille des deux monstres ; comme il ne pouvait pas avoir de prétentions sur les princesses, il pria l'empereur de les donner à ceux que ses belles-sœurs avaient choisis, et demanda pour lui le commandement de l'armée prête à marcher contre la Perse. Après les preuves de bravoure que Goushtasp venait de donner, l'empereur se trouvait trop heureux de confier le sort de ses armes à la vaillance d'un chef aussi brave. Goushtasp marcha contre les troupes de son père. Quand les deux armées se trouvèrent à quelque distance l'une de l'autre, le fils du roi sortit seul de son camp pour visiter ses compatriotes.

Lohrasp, qui était parmi les siens, apprit bientôt que son fils commandait les forces ennemies. Il envoya aussitôt Zéryr, frère de Goushtasp, dire au fugitif de venir prendre la couronne de Perse, et de combattre à ce prix sous l'étendard de sa nation. Goushtasp feignit d'accepter cette faveur, pour en tirer le parti qu'il souhaitait ; il écrivit à l'empereur, son beau-père, de se rendre à l'armée, l'assûrant que cette démarche terminerait tous les différends entre lui et le roi de Perse. Le monarque se laissa facilement persuader. Une somptueuse escorte l'entourait lorsqu'il s'approcha du camp ennemi. Déjà l'empereur avait éprouvé quelque surprise en ne voyant pas Goushtasp dans les rangs de son armée. On avait répondu aux interrogations du souverain en l'assurant, d'après les ordres du général, que son gendre était allé l'annoncer auprès du roi de Perse. L'empereur continua sa marche. Les deux seigneurs mariés à ses plus jeunes filles étaient mêlés à sa suite ; leur étonnement ne fut pas moindre que celui du souverain d'Occident, quand ils virent Goushtasp sur le trône, et qu'ils l'entendirent proclamer, par les grands du royaume, le fils et le successeur de Lohrasp. Le jeune prince ne fit usage de son pouvoir que pour conclure une paix honorable avec son beau-père, et, demandant pardon au roi de Perse des torts dont il s'était rendu coupable, il le pria de le recevoir comme le dernier de ses sujets. Lohrasp pardonna à son fils, le traita avec tendresse, et accorda beaucoup de crédit à la princesse qui avait partagé la mauvaise fortune de Goushtasp.

L'ambition ne se tait pas aisément dans le cœur, et bientôt le roi reconnut que la noble conduite de Goushtasp ne venait que d'un repentir passager. Pour épargner de nouveaux troubles à sa famille, il abandonna tous les soins de l'empire et alla vivre dans la retraite, à l'exemple de plusieurs de ses prédécesseurs.

Herdocht, que nous connaissons sous le nom de Zoroastre, parut en ce temps, et institua le culte du feu. Le roi persécuta d'abord le prétendu prophète; mais comme sa religion contenait quelques préceptes vraiment bons et utiles, il finit par se laisser séduire, et devint par la suite un des plus zélés sectateurs du nouveau culte. Il soutint des guerres pour le défendre et l'établir ; mais, à en juger par ses œuvres, le roi ne gagna pas beaucoup en moralité en changeant de croyance.

Isfundyar se convertit, dit-on, avant son père, et le jeune prince détermina Lohrasp à admettre le prophète en sa présence. Quand le roi fut convaincu, il ordonna que l'on préparât douze mille peaux de vaches pour inscrire dessus, en lettres d'or, les paroles de la foi nouvelle.

Ces parchemins furent déposés à Persépolis, dans un caveau creusé dans le roc. De saints personnages en eurent la garde, et les profanes étaient sévèrement écartés du recueil sacré.

Ayant lui-même été rebelle à son père dans sa jeunesse, Goushtasp se défia à son tour de son fils Isfundyar *, et, l'accusant à tort de comploter contre lui, il le fit enfermer. Le roi des Tartares, nommé Arjasp, continua les hostilités contre la Perse. Après une bataille gagnée, il fit prisonnière une des filles du roi. Goushtasp, désespéré de cet affront, accorda la liberté à son fils, sous la condition qu'il irait délivrer sa sœur, et lui promit en outre de lui abandonner sa couronne au retour, s'il se présentait victorieux devant lui. Voici comment Isfundyar s'acquitta de cette entreprise. Trois routes différentes conduisaient à Bulkh, capitale du royaume tartare. L'une de ces routes était courte, mais pleine de périls; les deux autres, plus sûres, devaient retenir l'armée deux mois en marche. Déguisé en marchand, Isfundyar garda seulement soixante hommes avec lui et envoya ses troupes par le chemin le plus sûr. « Si vous voyez un signal de feu lorsque vous approcherez de la ville de Bulkh, dit-il à son général, c'est que je serai là. Conduisez vos hommes à l'assaut; moi et les miens nous vous seconderons à l'intérieur. »

Les lions des déserts, les serpents et d'autres animaux essayèrent en vain de mettre obstacle au passage du prince; son courage, à l'épreuve des dangers et de la magie, détruisit tout ce qui s'opposait à sa marche. En

---

* Isfundyar est le célèbre Xercès.

moins de sept jours Isfundyar entra dans la ville. Le bruit se répandit bientôt qu'un riche négociant, chassé par la tyrannie de Goushtasp, venait établir son commerce dans la Tartarie. Arjasp le fit venir à la cour pour lui acheter des bijoux, et la sœur d'Isfundyar, mêlée aux esclaves de la reine, reconnut bientôt son frère sous le déguisement d'un marchand de joyaux. Ils échangèrent un signe discret, et la princesse captive comprit que sa délivrance était le but des efforts du généreux Isfundyar. Le roi tartare, dupe de cette ruse, promit sa protection au sujet fugitif du roi de Perse. Au jour précis où finissaient les deux mois calculés pour la marche de l'armée, les soldats d'Isfundyar arrivèrent sous les murs de la ville. Le signal était donné. Le prince seconda à l'intérieur la bravoure des assaillants; leur victoire fut complète. Isfundyar délivra sa sœur, et tua de sa propre main le roi qui l'avait retenue captive. Le trône d'Arjasp, accompagné d'un immense butin, vint grossir les trésors du roi de Perse.

Malgré la ponctualité de son obéissance, Goushtasp ne tarda pas à persécuter de nouveau son fils, au lieu de lui donner la récompense promise. Sur de nouvelles prières d'Isfundyar pour rentrer en grâces, le roi lui proposa d'accomplir une action bien plus difficile et beaucoup moins juste que la première. « Je n'ai point oublié, dit-il au prince, que ma couronne vous appartient; mais je n'oserais pas vous la donner dans l'état dépendant où elle se trouve. Nous avons des ennemis que vous devez vaincre. Roustem, retiré dans le Seistan, ne songe qu'à se soustraire au pouvoir de la couronne ; allez saisir le redoutable vieillard, amenez-le enchaîné à Ispahan, et je vous remettrai mon pouvoir avec joie. » Isfundyar partit découragé et bien convaincu que son père cherchait seulement à le perdre. Roustem démontra par ses offres qu'il était resté un sujet loyal de la Perse. Le jeune prince n'en doutait pas ; mais, pour obéir à son père, il supplia le héros de permettre qu'il le conduisît enchaîné devant Goushtasp, où il se justifierait facilement des injustes inculpations élevées contre lui. A cette proposition, Roustem, indigné, préféra commencer la guerre ; elle s'alluma au regret mutuel des deux princes. Isfundyar, atteint par une flèche à double pointe que Roustem lui lança dans les yeux, mourut en priant le guerrier d'adopter son fils, afin de le soustraire à la cruelle politique de Goushtasp. Le roi se repentit de sa coupable conduite. Il pleura la mort de son fils et redemanda son petit-fils Tahman à Roustem, pour en faire son successeur.

Zoroastre. — Sa Religion.

Les successeurs de Goushtasp jusqu'à Darab Ier (Darius, selon les Grecs).

Pendant les règnes précédents, le culte de Zoroastre fit de grands progrès en Perse. Dans sa pitié pour les hommes,

Dieu n'abandonne pas entièrement ceux qui se sont écartés de la vraie foi. Il laisse encore parmi eux des germes de morale, des croyances pieuses qui maintiennent parmi les créatures terrestres des liens de fraternité et développent la civilisation. Les effets de ces croyances, mensongères dans la forme, sont bien loin des fruits produits par le christianisme ; mais c'est une lueur qui ramène peu à peu les peuples dans le sentier de la vérité.

Déjà, avant la venue de Zoroastre, les Persans adoraient le soleil et s'abstenaient de manger la chair des troupeaux ; le nouveau prophète insista plus qu'on ne l'avait fait jusqu'alors sur cette interdiction. Le volume * qui contenait la loi propagée par Zoroastre lui avait été donné dans le ciel, disait-il, par Hormuzd, ainsi que le feu sacré ; le prophète les apporta, en gage de sa mission, en venant au monde. Dans une visite faite aux enfers également avant sa naissance, Zoroastre avait forcé Arimane, le mauvais esprit, à relâcher un pécheur dans lequel il était resté quelques bons sentiments. Satan avait frémi de rage en prévoyant que sa domination était perdue sur les hommes qui embrasseraient le culte du feu.

Zoroastre enseigna que deux principes gouvernaient le monde : Hormuzd présidait aux bonnes actions. Arimane était le seigneur du mal. La nuit était l'attribut du mauvais

* Le Zend-a-Vesta.

3.

esprit ; la lumière, le règne et l'emblème du génie conservateur. A la fin du temps, Hormuzd devait dominer uniquement le monde. Le feu et le soleil attiraient les bénédictions divines sur l'humanité.

Les divers ordres de prêtres institués pour le culte du feu s'appelaient Mobuds, Dustours et Herbouds. Ils devaient entretenir des brasiers sans jamais les éteindre avec de l'eau ni avec de la terre, et garder le précieux Zend-a-Vesta.

« Pour alimenter les feux, disaient les prêtres, il ne nous faut que du bois et des parfums ; que les jeunes en donnent, que les vieux en donnent, et leurs prières seront écoutées. Ceux qui mépriseront nos demandes iront aux régions infernales.

« Un ange avait dit à Zoroastre : « Toi, homme pur, lorsque tu seras sur la terre, dis à ceux qui portent l'épée et la lance de la purifier chaque année, afin que l'éclat de ces armes puisse mettre en fuite ceux qui nourrissent de mauvais desseins. Dis-leur encore de ne jamais placer leur confiance dans les méchants ni dans leurs ennemis.

« Toi qui seras une bénédiction pour le genre humain, préserve la terre du sang, de la malpropreté et des cadavres ; porte-les dans les terres incultes où l'eau ni les hommes ne passent pas. Les fruits les plus beaux seront la récompense du travail. Le meilleur des rois est celui qui rend la terre fertile ; apprends encore cela aux hommes.

« Je te confie, ô Zoroastre ! l'eau qui coule, celle qui est stagnante, l'eau des rivières, celle qui vient des sources et des montagnes, l'eau des pluies et des fontaines ; que les hommes sachent que c'est l'eau qui donne la force à toutes les choses animées. Elle rend la végétation verdoyante ; rien d'impur ne doit la souiller, afin que les aliments cuits dans l'eau soient sains. Fais exécuter la parole de Dieu.

« Les hommes ne doivent jamais détruire ou arracher, avant leur saison, les plantes et les fruits de la terre ; car c'est seulement dans leur maturité que les productions agricoles sont bienfaisantes pour les hommes et les animaux. »

D'après ces principes fondamentaux, les prêtres voués au culte du feu étaient chargés d'entretenir purs les quatre éléments de la création : la terre, l'air, le feu et l'eau. L'astronomie était la science principale des disciples de Zoroastre ; le prophète poussait très-loin ses connaissances en ce genre, et prédisait l'avenir d'après la marche des constellations célestes.

Bahman régna après Lohrasp ; il est connu dans l'histoire sous le nom d'Ardishyar-Dirazdust, qui signifie à peu près longue main. Sa vie, d'après l'histoire persane, offre assez de points de ressemblance avec celle d'Artaxercès, dans l'histoire grecque et l'histoire juive, pour que l'identité de personnage soit parfaitement constatée. Il gouverna son royaume avec sagesse; les soins qu'il apporta à faire prospérer l'agriculture laissèrent sa mémoire en grand honneur parmi les Persans. Bahman étendit ses conquêtes jusqu'à Babylone, où il se montra très-favorable aux Juifs. Cyrus, général persan, gouverna ce pays en son nom.

Plus d'un historien affirme que l'Assuérus des Juifs n'était autre qu'Artaxercès Longue-Main, et plusieurs faits viennent à l'appui de cette opinion. La même hypothèse est appuyée de nouveau par la tradition, qui rapporte que le roi avait parmi ses femmes une Juive qu'il préférait à toutes les autres, et que l'oncle de cette princesse jouissait d'un grand crédit à la cour et dans l'administration des affaires du royaume. Les ruines de Persépolis offrent encore les deux tombeaux d'Esther et de Mardochée, portant leurs noms et chargés d'inscriptions juives copiées de la Bible.

Nous commençons à retrouver d'une manière précise les faits consignés dans nos annales, au milieu des récits du poète persan. Cette coïncidence augmentera toujours dans la suite de notre histoire. Darab Iᵉʳ, dont nous avons fait Darius, vint après Artaxercès; il soutint une guerre contre Philippe de Macédoine, qu'ils appellent Philippous de Roum II. Le roi, écrit dédaigneusement l'historien persan, se trouva fort heureux d'acheter la paix en donnant sa fille à Darab, et en s'engageant à payer chaque année mille œufs d'or pur au souverain de la Perse et à ses descendants. Ce dernier mouvement d'orgueil national précède de bien peu le refus d'Alexandre de payer le tribut promis par son père.

Histoire de Secunder-Roumée

(Alexandre-le-Grand).

Darab II, c'est-à-dire Darius-Codoman, avait succédé à son père lorsque Alexandre monta sur le trône de Macédoine. Darius, disent les Persans, qui rejettent sur ce roi toute la honte de la conquête du royaume, était un prince faible de corps et d'esprit, incapable d'administrer ses états, et cependant plein de lui-même. Le jeune prince macédonien se refusa, dès la première année, à payer le tribut promis à un monarque dont il méprisait la puissance. Un ambassadeur du roi de Perse arriva à la cour d'Alexandre pour réclamer les mille œufs d'or pur que son père s'était engagé à donner. *L'oiseau qui pondait ces œufs s'est envolé dans l'autre monde,* dit Alexandre. L'envoyé persan rendit cette réponse à son maître. Darab sourit de pitié en pensant à la jeunesse du roi de Macédoine. Voulant conserver la forme allégorique de cette négociation, il chargea un second ambassadeur d'aller porter au prince grec une raquette, une balle et un sac rempli d'une petite graine appelée gunjud. La raquette et la balle s'adressaient à la jeunesse du prince. Le roi de Perse voulait faire entendre à Alexandre que des jeux d'enfant convenaient encore à son âge. La multitude des graines de gunjud représentait l'innombrable armée que Darab était prêt à lever contre la Macédoine.

« Voici, dit Alexandre, comment j'explique ces emblèmes : le pouvoir de votre maître sera rejeté au loin, par ma force, comme je jette cette balle en ce moment. » Sur un ordre du roi, on amena une poule dans la salle d'audience. « Quant à votre armée, reprit le prince en répandant le gunjud devant la poule, qui n'en laissa bientôt plus une seule graine, mes soldats l'anéantiront ainsi que vous avez vu disparaître cette petite semence. Répétez fidèlement à Darab ce que vous avez vu et entendu. Moi, je ne lui adresse qu'un seul présent : remettez de ma part, au roi, ce henzal (melon sauvage) ; la saveur amère de ses graines pourra lui faire pressentir la rigueur du sort qui l'attend. * »

Les villes de la Grèce essayèrent aussi de se révolter contre la domination du jeune successeur de Philippe. Il les réduisit bientôt à l'obéissance, et vint alors attaquer le roi de Perse. La défaite de Darius fut complète. Ce faible

---

* Une négociation à peu près semblable eut lieu au XVe siècle, entre Henri V, roi d'Angleterre, et le dauphin fils de Charles VI. Ce jeune prince reçut une raquette et des balles de la part du roi, qu'il avait défié par ambassadeur.

roi prit la fuite à travers son armée pour échapper des premiers à ses ennemis. Deux visirs du roi, Méhésiaz et Jamiscar, attachés à ses pas, résolurent de le tuer et d'aller auprès du vainqueur réclamer la récompense de leur forfait. Ils attaquèrent Darius, le frappèrent de plusieurs coups de poignard et accoururent au camp des Grecs. Aussitôt, informé de ce qui se passait, Alexandre donna l'ordre d'arrêter les traîtres, et, se rendant lui-même au lieu où gisait le monarque persan, Alexandre descendit de cheval, s'approcha du roi avec tous les témoignages d'une profonde douleur et d'un grand respect. Il appuya sur ses genoux la tête de son ennemi mourant, écarta les souillures de son visage et répandit des larmes sur sa malheureuse destinée. « Je vous jure, dit Alexandre, que je n'ai jamais souhaité de voir un pareil jour, et ce n'est pas par ma volonté que votre tête royale est ainsi couverte de sang et de poussière.

— Le monde a mille portes, par où sortent et entrent ceux qui l'habitent, répondit le monarque persan résigné à son malheur. Les plaintes que vous répandez sur moi consolent ma dernière heure, et je vois bien qu'il m'aurait été plus avantageux de rechercher votre affection que votre colère. Je compte sur votre justice pour me venger des lâches serviteurs qui m'ont assassiné. Ne réduisez pas ma famille à l'esclavage, honorez ma mère, et prenez ma fille Roushunuck au nombre de vos femmes. » Alexandre s'engagea par serment à remplir tous les vœux du roi , qui expira devant lui.

Le corps de Darius fut embaumé avec du musc et de l'ambre, enveloppé dans un drap d'or et placé dans un cercueil enrichi de pierreries. Quarante mille hommes escortèrent le char qui porta la dépouille royale jusqu'à la voûte sépulcrale où il fut déposé. Après la cérémonie des funérailles, accomplie avec la plus grande pompe, les deux meurtriers furent exécutés devant le tombeau du roi de Perse. Roushunuck devint bientôt après la femme d'Alexandre, et la mère de Darius fut traitée avec la plus haute distinction par le vainqueur, qui se plaisait à l'appeler sa mère.

Maître absolu de la Perse, Alexandre divisa ce pays en quatre-vingt-dix principautés, dont il confia le commandement à ses généraux. Cette conquête assurée, il marcha vers l'Inde. La terreur qu'inspiraient les armes d'un prince vainqueur de la Grèce et de la Perse porta Heyd-Hindé (Taxile) à envoyer des ambassadeurs dire à Alexandre qu'il remettait sa vie et ses états entre ses mains , si telle était la volonté du conquérant. Il lui proposait de lui donner en présent, pour gage de son obéissance, une coupe faite d'un seul rubis et toujours remplie d'un délicieux et intarissable breuvage, un philosophe d'une science inépuisable et un médecin si habile, qu'il pouvait à son gré ressusciter les morts.

Alexandre demanda immédiatement les tributs offerts, et consentit à épargner le royaume de Heyd-Hindée.

Plus courageux que Taxile, Porus défit l'armée grecque et périt, dit l'auteur persan, dans le combat qu'il osa aventurer. Les troupes du conquérant se dirigèrent alors sur l'empire de la Chine. Avant de s'engager dans une lutte périlleuse, le souverain de ce pays voulut reconnaître par lui-même les forces de ses ennemis. Il s'introduisit déguisé dans la campagne. On découvrit sa ruse, et des soldats amenèrent l'empereur prisonnier dans la tente d'Alexandre.

« Quel motif, demanda le prince grec, a pu vous conduire à commettre une si haute imprudence ?

— Je fais peu de cas de ma propre vie, répondit l'empereur, et je prise très-haut la sûreté de mon peuple. Si je meurs ici, mes soldats nommeront un autre monarque qui les consolera de ma perte, et je venais pour voir jusqu'à quel point il était sage d'exposer mon armée contre la vôtre. Maintenant je reconnais qu'il me serait avantageux de vous avoir pour allié, et si je n'avais été fait prisonnier, j'allais, en rentrant dans mes états, m'efforcer d'obtenir votre amitié. » Ce discours toucha Alexandre ; il rendit la liberté à l'empereur et assura l'inviolabilité de son territoire, à la seule condition que la Chine lui paierait un tribut annuel. L'alliance des deux princes devait être cimentée par une visite ostensible de l'empereur de la

Chine au prince grec. Trois jours après son départ, le monarque revint en effet, mais à la tête d'une armée très-nombreuse. Alexandre, surpris, ordonna à l'instant à ses troupes de se ranger en bataille, et attendit l'ennemi. L'empereur et ses ministres, vêtus de costumes de cour et sans aucun appareil de guerre, se tenaient au-devant des Chinois. Arrivés auprès du camp grec, ils mirent pied à terre et vinrent saluer Alexandre. « Pourquoi, dit ce dernier à l'empereur, avez-vous, malgré nos conventions, rassemblé cette armée ? — J'ai voulu, répondit l'empereur, vous prouver que ce n'était pas par faiblesse que je souhaitais la paix, mais pour obéir aux dieux, qui se sont déclarés en votre faveur *. »

Plus généreux encore que la première fois, Alexandre dit qu'il renonçait à exiger un tribut de la part d'un prince si sage et si pieux ; il déclara qu'il bornait son ambition à obtenir l'amitié du souverain de la Chine. En retournant dans ses états, l'empereur fit les plus riches présents au magnanime Alexandre.

Au lieu de chercher à produire dans leurs récits la figure des rois et des héros, les Persans recueillent sur leur vie des anecdotes qui les peignent souvent beaucoup mieux que des portraits faits par la postérité.

* Les mêmes faits sont plus justement attribués à Taxile, dans l'histoire grecque.

Cependant ils ont omis dans la vie d'Alexandre tout ce qui pouvait faire tache. Ainsi la mort de Clitus, celle de Parménion, la ruine de Persépolis ne figurent pas dans leurs annales. Ils louent uniquement les vertus, la modération du conquérant macédonien, sans tenir compte de ses fautes.

Un chef ennemi, racontent-ils, fut un jour amené, les mains liées, en présence d'Alexandre. Le roi ordonna à l'instant qu'on le mît en liberté. « Si j'étais à votre place, dit un courtisan, je ne montrerais pas tant de bonté à cet homme. — C'est précisément parce que je ne suis pas vous que je lui fais grâce, répondit Alexandre. Je trouve du plaisir à pardonner ; la vengeance n'a aucun attrait pour moi. » Dans une autre occasion, il avait puni un officier distingué en lui donnant un emploi au-dessous de son grade.

Le trouvant un jour dans l'exercice de sa nouvelle charge, le roi lui demanda si cet emploi lui plaisait.

« Je le remplis de mon mieux, répondit l'officier, parce que la position ne fait pas l'importance de l'homme ; mais l'homme au contraire peut, par sa conduite, honorer le plus misérable poste. » Cette noble réponse fit rentrer en grâce l'officier puni.

On demandait à Alexandre comment il avait pu, étant si jeune, accomplir de si hautes actions, et étendre sa renommée dans le monde entier. « J'ai si bien traité mes

ennemis, qu'ils sont devenus mes amis, répliqua le prin[ce]
La continuité de mon affection m'a conservé l'attacheme[nt]
de mes amis. »

La réponse de ce souverain au sujet d'Aristote * n'[est]
pas moins heureusement rendue par les Persans. On [le]
priait d'expliquer comment il semblait priser les soins [de]
son précepteur au-dessus de ceux de son père. « En m[e]
donnant la vie, mon père m'a fait descendre du ciel sur [la]
terre ; par les leçons de mon maître, je suis remonté [de]
la terre vers le ciel. » Le roi entendait par là qu'une éd[u-]
cation morale bien dirigée élevait plus haut l'homme q[ue]
les richesses et la puissance n'avaient le pouvoir de le fai[re.]
Toute la vie d'Alexandre n'est pas exempte de reproche[s ;]
les Persans ont gardé le silence sur les fautes de ce r[oi ;]
seulement ils avouent qu'étant sujet à de violents accès [de]
colère, il avertissait lui-même ses officiers de s'éloigner [de]
lui dans ces moments-là. « Les rois, disait-il, sont comm[e]
la mer, qui est dangereuse, même dans le calme, et terri[ble]
dans la tempête. »

« Les astrologues avaient prédit ** que, lorsque la mo[rt]
d'Alexandre serait prochaine, il placerait son trône s[ur]
un point où le sol serait de fer, et où le ciel serait d'o[r.]

---

* Célèbre philosophe grec, précepteur d'Alexandre.

** Nous marquons par des guillemets les passages tirés littéralement [de]
la traduction française de l'ouvrage anglais.

Lorsque le héros, fatigué de ses victoires, s'en retournait vers la Grèce, il fut un jour saisi d'un saignement de nez ; un général qui était près de lui détacha sa cotte de maille et l'étendit par terre pour que le roi pût s'asseoir dessus ; en même temps, afin de le défendre du soleil, il soutenait un bouclier d'or au-dessus de sa tête. Alexandre, se voyant dans cette position, dit : « La prédiction des astrologues est accomplie, je n'appartiens plus aux vivants. Hélas ! faut-il que l'œuvre de ma jeunesse soit finie ! que la plante au printemps soit moissonnée comme le fruit mûr de l'automne ! » Il écrivit à sa mère, lui annonçant que bientôt il quitterait cette terre, et passerait dans la région des morts. Par un stratagème filial, il priait sa mère de répandre les aumônes distribuées à l'occasion de sa mort, sur des personnes qui n'auraient jamais connu les misères de ce monde, et particulièrement sur celles qui n'auraient jamais perdu aucun des êtres qui leur fussent chers. La mère d'Alexandre, conformément à cette volonté, fit faire des recherches qui lui apprirent que sa douleur n'était point une exception dans l'humanité. Partout elle rencontrait des maux à consoler, et dans ce résultat elle trouva, comme son fils l'avait prévu, quelque adoucissement à l'immense perte qu'elle faisait. Elle s'humilia devant les dieux en acceptant pour son propre compte une part des maux dévolus à toutes les créatures.

Après la mort d'Alexandre, ses états furent partagés

entre ses généraux. Séleucus eut la Perse ; mais ici les historiens persans perdent tout-à-fait la succession de l'histoire, et cette lacune est de plusieurs siècles. Voici comment ils remplissent l'espace qui s'écoule entre la mort d'Alexandre, arrivée au quatrième siècle avant l'ère chrétienne.

Séleucus fonda la dynastie des Séleucides. Elle n'eut que trois rois. Antiochus-Théos, successeur d'Antiochus-Soter, fut détrôné par Arsace, chef des rois arsacides. Arsace, appelé Ashk par les Persans, était possesseur du fameux étendard du forgeron (le Diefchi-Kaouany), caché par son oncle après la défaite de Darius ; ce talisman releva le trône de Perse. Shahpour, successeur d'Ashk, soutint avec succès une guerre contre Antiochus-le-Grand, et obtint par un traité la reconnaissance de son pouvoir sur la Parthie et l'Hyrcanie.

Nous ne poursuivrons pas plus loin une aride nomenclature de noms qui remplit un espace de deux siècles ; les seuls faits mentionnés pendant ce laps de temps sont une guerre entre Shahpour et l'empereur Trajan, la paix conclue plus tard entre le roi de Perse et Adrien, enfin la naissance de Jésus-Christ ; mais le classement des différents règnes est fait d'une manière si obscure, que l'auteur persan, après avoir achevé sa tâche, s'écrie avec découragement : « Voilà ce que j'ai pu recueillir, Dieu seul maintenant sait la vérité. »

« Depuis la mort d'Alexandre jusqu'au règne qui va suivre, il y a près de cinq siècles, et la totalité de cette ère peut être considérée comme une lacune dans l'histoire orientale.

« Cependant l'histoire romaine rapporte dans ce même temps des faits dont la nation la plus fière se tiendrait justement honorée. Ces monarques parthes dont on ne peut aujourd'hui retrouver les noms dans leur propre pays, ont été les seuls souverains sur qui les armes de Rome, parvenue au plus haut degré de sa puissance, n'aient pu faire aucune impression durable. C'est, au reste, à la nature de leur pays et à leur manière singulière de faire la guerre, qu'ils durent ces avantages fréquents sur les légions disciplinées des Romains.

« La frontière que le royaume des Parthes présentait à l'empire romain s'étendait depuis la mer Caspienne jusqu'au golfe Persique. Cette frontière est composée de vastes déserts, de montagnes hautes et stériles, de larges et rapides torrents. Dans quelque direction que s'avançassent les lignes romaines, elles trouvaient un pays dévasté. L'armée manquait d'aliments ; la méthode du guerrier persan se bornait à lancer une flèche mortelle sur l'ennemi, dont son cheval au galop l'éloignait rapidement. Ce système approprié au pays, à l'homme et au vigoureux et léger animal sur lequel il était monté, maintint l'indépendance de la nation ; aussi les plus braves vétérans romains élevaient-ils quelques murmures quand leurs chefs parlaient d'une guerre contre les Parthes *. »

Dynastie Sassanienne

Depuis Ardeschyr-Barigan jusqu'à Yerd-e-Jird , dernier prince de cette race.

Quelques descendants d'Isfundyar vivaient encore en Perse , mais dans un état de pauvreté qui ne décelait guère leur origine. Le chef de cette famille, nommé Babek , sans aucun motif d'ambition personnelle , avait souvent entretenu ses fils de leurs illustres aïeux. Ces idées firent une grande impression sur Ardeschyr, le second fils de Babek. Il ne parlait le jour que de la royauté perdue ; la nuit, ses rêves lui représentaient des scènes d'élévation et de grandeur pour sa famille, et il y jouait toujours le rôle principal. Un courage éminent, de l'aptitude aux sciences et un esprit fort étendu distinguaient d'ailleurs le fils de Babek. Le gouverneur de Darabjird , nommé Péri , ayant entendu louer les talents de ce jeune homme, le fit appeler pour l'attacher à son service.

Ardeschyr gagna en peu de temps la confiance de son protecteur. On sut même bientôt que le gouverneur ne

---

* Le nom de Parthes était devenu celui des Persans depuis la conquête d'Alexandre.

décidait plus rien sans consulter son secrétaire. Comme le bonheur seconda toutes ses entreprises, on éleva Ardeschyr à la place de Péri, lorsque ce dernier mourut. Cet immense succès donna un plein essor aux rêves du fils de Babek, sa confiance dans l'avenir ne connut plus de bornes. Le père d'Ardeschyr, qui, jusque-là, s'était moqué des prétentions de son fils, commença à songer qu'il valait mieux, le sort se déclarant pour les siens, faire la fortune de Shahpour, son fils aîné, que celle d'Ardeschyr. La division se mit dans la famille avant que la question fût jugée.

Arduan régnait sur la Perse ; il conçut quelque défiance sur le nouveau gouverneur, et lui envoya un remplaçant. Cette mesure décida Ardeschyr à se révolter. L'envoyé d'Arduan fut mis à mort, et toute la province du Fars se soumit au pouvoir du rebelle. Shahpour avait tenté d'agir contre son frère ; sa propre famille le livra à Ardeschyr, que cette trahison indigna. Il fit mettre à mort ceux qui s'en étaient rendus coupables ; mais on ne dit pas comment il traita Shahpour. Le gouverneur du Fars traversa plusieurs provinces et les soumit ; enfin, il arriva jusqu'à Ispahan en vainqueur.

Le roi s'était retiré dans la vallée d'Hourmuz, où il attendait son rival pour lui livrer bataille. Ardeschyr accepta encore cette chance ; il défit Arduan et le tua. Après cette victoire, il fut proclamé roi et reçut le glorieux titre de

4 E

Shahan-Shah ou roi des rois. Depuis Ardeschyr, les souverains de la Perse ont conservé cette dénomination. Tout le royaume ne tarda pas à se ranger sous l'obéissance du vainqueur. La renommée du roi continua à grandir, il soutint avantageusement des guerres contre les Romains, et les grands et les peuples apprécièrent hautement la sagesse et la fermeté de son caractère.

Nous avons vu plus d'une fois les conquérants épouser la fille du roi qu'ils détrônaient ; selon cette coutume, Ardeschyr offrit sa main à la fille d'Arduan. En acceptant le rang qui lui était rendu, la princesse songeait seulement à venger la mort de son père et celle des autres membres de sa famille. Ses coupables desseins furent découverts un an après son mariage. On en avertit le roi, qui ordonna à son ministre de faire mourir la reine. Personne n'osa, en ce moment, annoncer à Ardeschyr que la fille d'Arduan venait de mettre un fils au monde. Le ministre, touché lui-même de compassion pour la faible petite créature, craignit que l'arrêt de mort ne s'étendît jusqu'à elle et, après avoir obéi au roi en ce qui regardait la reine, il se chargea d'élever secrètement le fils de son maître.

Quelques années se passèrent ; le roi, privé d'héritier mâle, déplorait un jour son infortune devant son ministre ; celui-ci hasarda timidement la confidence de son secret. Ardeschyr se montra transporté de joie, et il dit qu'il voulait lui-même reconnaître son fils au milieu de plusieurs enfants du même âge. Le ministre rassembla huit enfants qui furent amenés devant le monarque, et reçurent l'ordre de faire une partie de balle sous ses yeux. Dans le cours du jeu, la balle, lancée maladroitement, vint rouler près du trône. Les enfants intimidés se tenaient à l'écart; un d'eux, plus résolu, s'avance avec assurance pour reprendre le jouet. Les regards du roi se tournèrent du côté du ministre ; un signe affirmatif leva tous les doutes du père du jeune Shahpour. Ardeschyr fut charmé de trouver toutes les apparences d'un courage supérieur dans l'enfant qui lui était rendu. Il reconnut publiquement Shahpour et l'établit dans tous les droits dévolus à l'héritier de la couronne.

Sorti d'une position obscure, Ardeschyr ne se laissa pas éblouir par le pouvoir; mais la même force de volonté qui l'avait porté sur le trône lui fit employer une sévérité excessive pour imposer ses croyances religieuses à son peuple.

Pour rétablir le culte de Zoroastre, il prodigua le sang de ses sujets. Cependant on répète de lui une maxime qu'il redisait à son fils en lui laissant le trône : « Rappelez-vous qu'un roi ne doit jamais employer l'épée où le bâton peut suffire ; » mais le repentir dicte souvent aux princes et aux mourants, en général, des maximes contraires à leur conduite passée *.

* Louis XIV, sur son lit de mort, disait à son arrière-petit-fils : « Rappe-

Depuis la conquête d'Alexandre, les Occidentaux avaient donné à la Perse le nom de Parthie ; le royaume, reconstitué par Ardeschyr, reprit unanimement son premier nom.

Ardeschyr est regardé comme le restaurateur de l'empire fondé par Cyrus (Kai-Kousrou) et perdu par Darius.

Après quatorze ans de règne, le conquérant, las de son pouvoir, céda la couronne à son fils Shahpour et il chercha à l'instruire d'avance dans l'art de régner.

« Le pire de tous les rois, disait-il, est celui que craignent les riches et non pas les méchants. »

« Il ne peut y avoir de pouvoir sans armée, d'armée sans finances, de finances sans agriculture, et d'agriculture sans justice. »

« Un souverain sans religion est un tyran, et un peuple qui n'a pas de culte doit être regardé comme la plus monstrueuse de toutes les sociétés. »

« Quatre qualités sont indispensables aux rois : une grandeur d'âme véritable et naturelle, de la bonté dans le caractère, assez de fermeté pour réprimer ceux qui voudraient sortir de leur rang, et une justice assez éclairée pour ne donner jamais à ceux qui leur obéissent l'occasion

lez-vous, mon cher enfant, que la paix est le plus grand des biens, la guerre le plus grand de tous les maux. Ne la faites jamais que pour vous défendre. Ne m'imitez pas en cela, non plus que dans mes grandes dépenses. Soulagez le peuple aussitôt que vous le pourrez, et faites ce que j'ai eu le malheur de ne pas faire. »

de craindre pour leur vie, leur honneur ou leur propriété. »

Le premier acte du règne de Shahpour fut une victoire remportée sur un chef arabe qui s'était emparé de Juzerah, pays situé au-delà du Tigre et de l'Euphrate. Manizem avait assez habilement calculé ses moyens de défense pour que sa conquête pût lui rester. La fille de Manizem le trahit par ambition. Elle voulait devenir la femme de Shahpour, et, afin d'y parvenir, elle livra l'entrée de la capitale aux assiégeants. Shahpour profita de sa déloyauté; mais au lieu de récompenser cette princesse comme elle s'y attendait, il la livra à un exécuteur pour lui faire expier, par la mort, le crime d'avoir trahi son père.

Depuis longtemps les Romains avaient pris aux Persans un fort appelé Nisibis, et situé entre le Tigre et l'Euphrate; Shahpour résolut de chasser les conquérants de ce poste important. Il est bien vrai qu'il le reprit, mais non pas selon que la tradition suivante le rapporte. Fatigué d'un long siége jusque-là sans succès, Shahpour donna un jour l'ordre à l'armée de s'unir à lui pour prier Dieu de faire tomber le fort. Les murailles s'écroulèrent à l'instant à la vue des troupes émerveillées. Nous avons quelque peine à croire que le miracle de Jéricho se soit renouvelé en faveur de l'armée persane. Ces succès pâlissent devant une victoire dont le roi tira une bien autre vanité; cette fois le fait est authentique.

Shahpour battit les Romains jusque sur leur territoire, il remporta plusieurs batailles ; mais ce qui excita son orgueil à un point incroyable, ce fut la capture de l'empereur Valérien, qu'il ramena prisonnier en Perse.

L'armée vaincue et privée de son chef reçut un nouveau souverain désigné par Shahpour, et les Romains furent obligés de subir cet affront avec des démonstrations de joie. Cyriadis, obscur fugitif d'Antioche, se para de la pourpre des Césars et, pour reconnaître la protection que lui accordait Shahpour, il conduisit les Persans à Antioche, ville capitale des possessions romaines dans le Levant. Jusque-là tout réussit au monarque victorieux. Les villes et les provinces conquises subirent le pillage et la dévastation. Un immense butin, porté par les prisonniers romains, encombrait au retour la marche de l'armée triomphante. Les auteurs persans gardent le silence sur les revers qui l'atteignirent alors ; mais nous savons qu'Odenathus, chef de Palmyre, maltraita le vainqueur et lui reprit une grande partie des trésors récemment conquis. Néanmoins, l'arrivée dans ses états fut un moment d'ivresse pour Shahpour ; il avait sauvé de toute chance et ramenait sous les yeux de son peuple le prisonnier impérial. Valérien, paré des attributs de sa dignité perdue, suivait à pied le vainqueur. La vanité est le caractère principal de la nation persane ; mais jamais encore ce sentiment ne paraissait avoir reçu un aliment plus précieux. Shahpour a fondé des villes dont il ne reste que des ruines ; mais ces ruines conservent encore le souvenir de l'événement qu'il tenait à perpétuer. Près de Persépolis, qui n'offrait déjà plus que des traces de destruction, on bâtit une ville qui reçut le nom de Shahpour. Aujourd'hui, Shahpour et Persépolis confondent leurs débris ; mais sur un bas-relief placé dans une grotte de montagne, au lieu où s'élevait sans doute un palais, le roi de Perse est représenté monté sur son cheval ; d'une main il serre étroitement le bras de son royal prisonnier qui marche à ses côtés ; de l'autre main il tient majestueusement la bride de son coursier. Des ambassadeurs grecs et romains demandent à genoux la grâce du captif, font des offres pour sa rançon. Shahpour les refuse. Un si précieux trophée ne pouvait pas se rendre. Le roi aurait peut-être craint que cet événement se confondît avec les récits fabuleux, si la Perse ne gardait pas l'empereur au-delà de sa vie. On montre encore, en effet, les restes de la tour où Valérien fut enfermé ; et si le tombeau de ce prince se retrouvait, il est plus que probable qu'on y verrait des symboles de captivité, placés là pour la plus grande gloire du vainqueur.

Shahpour n'eut pas toujours un but aussi frivole dans les travaux qu'il fit exécuter. Il reste encore en Perse une belle et utile construction, qui date de son règne. C'est une digue de vingt pieds de large, sur douze cents pieds de longueur. L'eau du Karoun, détournée de son lit par cette digue, vient fertiliser les magnifiques plaines qui entourent la ville de Shuster, également fondée par Shahpour, mais détruite et relevée, depuis lui, sur un autre emplacement, tandis que la digue est restée son ouvrage.

Aucun pays ne montre plus de ruines que la Perse. Ses villes, élevées par la vanité des rois, ne sont jamais entretenues ou reconstruites par leurs successeurs. Chaque règne produit son œuvre distincte du passé. On laisse paisiblement tomber ce que le temps semble avoir condamné. Si la ville de Shuster a été reconstruite, elle doit sa conservation à l'aqueduc, qui retient la population dans un lieu favorisé par l'industrie, avantage malheureusement bien rare dans toute l'étendue du royaume.

Du temps d'Ardeschyr, père de Shahpour, un astrologue avait prédit qu'un petit-fils de Mahreck, prince persan attaché à la cour, monterait sur le trône. Ardeschyr effrayé persécuta inhumainement la famille Mahreck, et fit périr tous ceux de ses membres qui lui portaient ombrage. Une seule fille du malheureux prince échappa au massacre de tous les siens en se cachant chez un pauvre berger. Cette princesse était fort belle. Shahpour, encore sous la dépendance de son père à cette époque, vit un jour la fille de Mahreck en se rendant à la chasse. La bonne grâce de la prétendue paysanne, son air à la fois digne et modeste intéressèrent vivement le prince; il lui parla, revint plusieurs fois la voir; enfin, la princesse livra son secret au fils d'Ardeschyr qu'elle ne connaissait pas encore. Cette révéla-tion augmenta l'intérêt dont Shahpour se sentait pris pour elle. Il l'épousa secrètement, afin de ne pas encourir la désapprobation du roi, et de ne pas compromettre la vie de la princesse. Un fils naquit de ce mariage ; on le nomma Hourmuz. Dès sa plus tendre enfance il annonça des incli-nations braves, et ressemblait beaucoup de figure à son grand-père. On le tenait soigneusement caché, lorsqu'un jour Ardeschyr entra inopinément dans la tente de son fils, le surprit tenant Hourmuz entre ses bras. Le roi montra beaucoup d'intérêt à l'enfant ; sa beauté le toucha vivement ; il voulut savoir comment il se trouvait là, quels étaient ses parents. Shahpour avoua alors son mariage. Le roi charmé s'écria : « Grâce à Dieu, la prédiction * qui m'avait tant in-quiété s'accomplira sans être funeste à ma race. Laissez-moi, mon fils, embrasser le descendant de Mahreck, appelé à me succéder. » Le narrateur de cette histoire, familiarisé avec les mœurs de son pays, passe sous silence

---

* Nous donnons toutes les fables de ce genre pour des chroniques per-sannes. Nos lecteurs savent bien que les secrets de l'avenir sont impéné-trables pour tous les hommes. L'astrologie et la magie sont aussi menson-gères en Perse que parmi nous ; aussi, malgré leur crédulité, les Persans rejettent-ils toujours dans un passé lointain les succès des prédictions sur-naturelles.

Zoroastre avait encouragé les sciences divinatoires par le moyen de calculs faits sur les astres. Dans les siècles d'ignorance, la France avait aussi ses devins et ses astrologues.

4.

les regrets qu'Ardeschyr dut éprouver des injustes et cruelles exécutions commises sur les parents de sa belle-fille.

Quand Shahpour monta sur le trône, Hourmuz était devenu grand. Il montrait un vif attachement à son père, qui lui confia le gouvernement du Khorassan. Dans ce poste Hourmuz eut plus d'une occasion de faire preuve de courage et de fidélité. Cependant il apprit que la malveillance était parvenue à le rendre suspect au roi. Pour toute justification, il coupa lui-même sa main droite et l'envoya à son père. Shahpour désolé rappela son fils près de lui, et le combla de faveurs pendant tout le reste de son règne. Hourmuz ne vécut pas plus d'un an après son père; il porta la couronne pendant ce court espace de temps.

Notre livre n'est pas un livre d'étude, bien qu'il soit destiné à reproduire les chroniques d'un grand peuple. Nous ne tiendrons pas rigoureusement date de chaque règne, mais nous continuerons à ne rien laisser échapper de tout ce qui est propre à faire connaître le caractère de la nation persane, ses mœurs, ses usages. Avouons-le d'ailleurs entre mes lecteurs et moi, nous avons du faible pour les contes et les anecdotes. Nous les recueillons avec un soin minutieux. Nos investigations, dans l'histoire persane, ressemblent un peu aux recherches d'un enfant au bord d'un champ de blé. A travers les épis pressés, c'est la fleur parasite qui charme ses yeux, c'est elle qu'il voudrait atteindre ; je fais ainsi avec les contes mêlés à un grave récit, parce que les plaisirs de mes jeunes lecteurs sont pour le moment redevenus les miens.

Un imposteur, nommé Mani, parut sous le règne de Baharam, successeur d'Hourmuz. Cet homme, ayant quelque talent pour la peinture, art très-peu répandu en Perse, fit courir le bruit que des anges venaient travailler à ses tableaux. A cette prétention se joignait celle de fonder un culte. Baharam ordonna qu'on écorchât Mani, et que sa peau fût suspendue aux portes de la ville de Shahpour. Hors cet acte de sévérité, qui peut être attribué au zèle du roi pour la foi de Zoroastre, Baharam passe pour avoir toujours administré la justice avec une grande douceur.

Baharam III souleva au contraire le mécontentement de tous ses sujets, par les excès auxquels il se livra. Les grands de la cour, indignés, résolurent de se défaire du roi. Instruit de ce dessein, le grand-pontife vint implorer la grâce du jeune prince. Ses conseils furent écoutés, et les courtisans s'entendirent avec lui pour donner une leçon à Baharam. En un même jour la cour se trouva déserte de tous les grands qui la composaient ; il ne restait au roi que des esclaves. Effrayé de son isolement et troublé par le cri de sa conscience, le prince parcourait, avec inquiétude, son palais silencieux, lorsque le grand-pontife parut devant lui et inclina la tête en signe d'affection. Baharam ému lui demanda ce que signifiait la désertion de tous ses courtisans. Le pontife raconta au roi ce qui s'était passé, en le conjurant de changer de vie pour prévenir la ruine qui le menaçait. Le roi, déjà fortement préparé à ce discours; se montra touché et repentant. L'homme de bien, heureux d'un tel résultat, fit rappeler au même moment toute la cour. Baharam renouvela au milieu des siens les promesses faites au grand-prêtre, et sa conduite devint en effet exempte de reproche.

Pendant ce règne, et durant le troisième siècle de l'ère chrétienne, les Romains remportèrent de grands avantages sur la Perse. Il est même probable que Carus, général des armées victorieuses, aurait conquis la Perse entière, si la mort n'eût interrompu ses triomphes.

Les règnes éphémères des trois successeurs de Baharam ne trouveront pas place dans notre histoire. Narsi, venu après eux, releva d'abord la fortune de la Perse; sa victoire sur l'empereur Galérius est célèbre; il la paya par une défaite complète, l'année suivante. Les tentes somptueuses du roi de Perse, ses brillants équipages de guerre tombèrent en partage aux Romains, et la famille de Narsi suivit en esclavage un grand nombre d'illustres captifs. Galérius se montra plein d'humanité pour les vaincus; mais le traité de paix entre les deux nations enleva des provinces entières à la couronne de Perse.

Shahpour, petit-fils de Narsi, était destiné à relever la dignité du trône. Hourmuz, son père, mourut avant qu'il fût né. Les devins ayant déclaré que la reine mettrait au monde un fils, on réserva la couronne à l'enfant attendu. Pendant la minorité du prince, les Arabes dévastèrent les provinces de la Perse, et commirent des cruautés inouïes sur le peuple. Les Grecs et les barbares envahirent tour à tour le territoire. La désolation était répandue dans tout le pays, lorsque Shahpour, sorti de l'enfance, se mit à la tête de son armée.

Sa première expédition fut dirigée contre les Arabes, qu'il vainquit. Par représailles des cruautés commises, il ordonna que les prisonniers subissent un horrible supplice, qui consistait à leur percer les épaules et à leur passer une corde au travers, pour les conduire ainsi au lieu où ils devaient être mis à mort. A cause de ce barbare usage, Shahpour fut nommé Zaulaktaf, mot qui signifie seigneur des épaules. Vaincu d'abord par l'empereur Julien, quand il tourna ses armes contre les Romains, Shahpour-Zaulaktaf prit une éclatante revanche quelque temps après, et dicta ses lois sur le territoire romain. « Si vous n'acceptez pas mes conditions, disait-il en proposant son traité de paix, les pieds de mon cheval, qui sont durs comme l'acier, effaceront le nom des Romains de dessus la terre, et mon glorieux cimeterre, qui détruit comme un feu dévorant, exterminera le peuple de votre empire. »

L'empereur Jovien n'était pas en état de résister à l'armée qui appuyait cet insolent langage; les provinces réclamées furent rendues, et la Perse reprit ses vastes limites. La valeur militaire ne distinguait pas seulement Shahpour : on a conservé de lui des maximes qui décèlent une étude approfondie du cœur humain.

« Les paroles, disait ce roi, peuvent être plus vivifiantes que la douce pluie du printemps, et plus acérées que le glaive de la mort. »

« On peut retirer d'un corps la lance qui l'a percé ; mais une expression dure ne peut s'arracher du cœur qu'elle a blessé. »

Ardeschyr II succéda à Shahpour. Son frère le détrôna. Baharam IV règne après lui ; puis vient Yesdijird-Ulatim, ou le Pêcheur, qui monta sur le trône l'an 404 de J.-C. Yesdijird était tolérant en matière de religion, et il avait un secret penchant pour le christianisme ; aussi était-il en horreur à ses compatriotes, tandis que les Grecs le représentent, sous le nom d'Isdigertes, comme un prince bon et sage. On raconte que l'empereur Arcadius lui confia son fils Théodose, et que le royal tuteur remplit sa mission d'instituteur avec une fidélité exemplaire.

« Le plus sage des rois, disait Yesdijird, est celui qui ne punit jamais dans sa colère, et qui suit la première impulsion de son cœur pour récompenser le mérite. »

« Quand on cesse de faire de bonnes actions, répétait souvent le même prince, on en commet inévitablement de mauvaises. »

Baharam *, le fils d'Yesdijird, avait beaucoup vécu parmi les Arabes et contracté de leurs coutumes nomades. Quand le roi mourut, les grands de la cour craignirent de prendre pour maître un prince déshabitué du luxe et de l'ostentation persane. Ils élurent Khousrou à sa place ; Baharam ne se laissa pas enlever son droit. Un parti s'organisa en sa faveur, et le jeune prince proposa, pour terminer la querelle, de mettre à l'épreuve la bravoure des deux compétiteurs. La couronne de Perse devait être placée entre deux lions dans une arène découverte. Celui qui aurait le courage d'aller la prendre là, en resterait l'unique possesseur. Une foule immense s'assembla pour assister au résultat de ce défi. Khousrou, appelé le premier dans l'arène, renonça à tenter l'aventure. L'étrange situation dans laquelle on lui présentait la couronne faisait taire l'ambition en lui, et dépouillait la royauté de tous ses charmes. Baharam au contraire trouvait cette royauté plus belle, environnée de périls. Il courut à l'instant aux lions et, quoique légèrement vêtu, les tua tous deux, sans recevoir la moindre blessure. Des applaudissements unanimes, des cris de joie de tous ses sujets accompagnèrent le mouvement qu'il fit pour s'emparer du symbole de sa puissance. Au lieu de punir ceux qui s'étaient opposés à son élection, le roi leur pardonna, et il combla de faveurs

---

* Varanès V, dans l'histoire romaine.

Noman qui défendit sa cause. La cour de Perse ne perdit rien en splendeur sous son règne ; Baharam encouragea même les amusements dans le peuple. Ayant vu un jour un groupe de gens qui dansaient sans musique, il leur en demanda la raison. « C'est, répondirent les artisans, que nous avons offert jusqu'à cent pièces d'or pour avoir un ménétrier, et qu'il nous a été impossible d'en trouver. » Le roi leur promit que bientôt les ménétriers ne manqueraient pas en Perse. Il envoya recruter dans l'Inde jusqu'à douze mille danseurs et musiciens, pour répandre ces amusements dans toutes les provinces du royaume. Cet acte de bonté produisit un singulier effet chez les nations voisines : le bruit se répandit que Baharam ne songeait plus qu'à se livrer à des plaisirs énervants, et que, ses sujets ayant imité son exemple, il devait être facile de subjuguer la nation entière. Les Tartares firent aussitôt une invasion dans le Khorassan. Vingt mille hommes y étaient établis, avant que les ennemis eussent les moindres avis de quelques préparatifs de défense de la part du roi. On répétait même que la peur l'avait fait se cacher. Mais, lorsque les Tartares se confiaient dans leur victoire, Baharam, à la tête de sept mille hommes dévoués, fondit tout-à-coup sur le camp ennemi. Ses soldats avaient, par son ordre, attaché à la selle de leurs chevaux un sac de peau sèche où se frottaient des cailloux. Le bruit étrange que faisait la petite armée effraya jusqu'aux chevaux des Tartares. La fuite devint générale ; mais il resta un grand nombre de morts sur le champ de bataille.

Baharam n'échappa pas non plus à quelques hostilités avec les Romains ; elles furent sans importance pour les deux nations. Accacius, évêque d'Amida, racheta de l'empereur Théodose sept mille prisonniers persans, du prix de la vente de tous les vases précieux des églises confiées à sa direction. Non content de cette œuvre de charité envers des païens, il donna aux libérés des moyens de retourner dans leurs différents pays. Le désintéressement de l'évêque fit une profonde impression sur le roi de Perse.

La vie magnifique de Baharam ne lui ôta pas le goût des plaisirs de sa jeunesse ; comme les Arabes, ses premiers compagnons, il aimait avant tout la chasse et les voyages. On désigne encore ce prince sous le nom de Baharam-Gour (âne sauvage), parce qu'il poursuivait ce gibier de préférence à tous les autres. Son adresse lui inspirait par fois des accès de vanité, auxquels il fallait que ses courtisans prissent part sous peine de disgrâce. Au retour de sa chasse, il ne manquait pas non plus d'aller raconter ses succès, jusque dans le moindre détail, aux princesses de sa famille.

Une des femmes du roi, et c'était précisément celle qu'il aimait le plus à cause de son esprit et de sa beauté, se montrait assez indifférente, quelquefois même ennuyée à ces récits. Pour lui faire connaître tout son mérite, Baha-

ram la pria un jour de l'accompagner en litière à une de
ses chasses. La princesse y consentit par obéissance. Il la
conduisit à la plaine ; une jolie gazelle dormait sur l'herbe.
La princesse la regarda avec intérêt ; Baharam lui lança
une première flèche avec tant de justesse, qu'elle lui
effleura l'oreille. Eveillé par cette légère piqure, l'animal
porta son pied à l'endroit où il pensait qu'un insecte venait
de se poser ; une autre flèche partie de l'arc du roi cloua
le pied de la gazelle sur sa corne. Le prince tout glorieux
se retourna vers la princesse, dont il attendait tous les
signes de l'étonnement et d'une admiration sans bornes.
Le sort de la gazelle lui avait fait plus d'impression que
l'incontestable adresse du monarque. « L'habitude rend
tout facile, » dit-elle froidement *.

Cette réponse excita au plus haut point la colère de Baharam ; il ordonna que cette femme fût conduite à l'instant
dans les montagnes pour y périr. Le ministre chargé
d'exécuter cet ordre eut pitié d'elle, et lui permit de se
retirer dans un petit village sur la pente d'un coteau. Pour
arriver à la chambre que la princesse loua chez de pauvres
gens, il lui fallait monter vingt marches d'un escalier placé
en dehors de la maison. A peine établie là, elle acheta un
petit veau qu'elle portait tous les jours dans ses bras en remontant l'escalier et en le descendant. Pendant quatre ans

* Necko Kurdenz pur Kurden est.

elle continua le même exercice ; ses forces augmentèrent dans la même proportion que le poids de l'animal. Baharam croyait la princesse morte, et il lui arrivait souvent de regretter le dur traitement qu'il lui avait fait subir. Un jour, fatigué d'une longue chasse, il se reposa dans un village où il vit une jeune femme qui portait une vache jusqu'à la hauteur de vingt marches. Sa surprise en fut extrême. Il envoya aussitôt demander quels procédés avaient pu développer une force aussi extraordinaire dans une personne qui paraissait d'une constitution délicate. La dame répondit qu'elle possédait en effet un secret, mais qu'elle ne le dirait qu'au roi lui-même, et encore s'il prenait la peine de venir le lui demander. Baharam y alla sur-le-champ. « Prince, lui dit-elle, en déguisant de son mieux le son de sa voix, et ayant d'ailleurs, selon l'usage persan, un voile épais sur la figure, il faut être sobre de louanges, et ne donner à chaque mérite que les éloges qui lui sont dus ; car l'habitude rend tout facile.

— Vous n'êtes certainement pas faite pour rester dans une si misérable demeure, reprit le prince, plus étonné encore en écoutant ce langage élevé de la part d'une Persane aussi maltraitée par la fortune, et si vous voulez vous confier à moi, je réparerai les injustices du sort à votre égard.

— J'ai habité un palais, répondit la princesse ; maintenant je vis dans une chaumière sans me plaindre de ma destinée. L'habitude rend tout facile, répéta-t-elle encore, sans déguiser plus longtemps le son de sa voix et en relevant son voile. »

Baharam jeta un cri de surprise et de joie : il retrouvait la femme dont il avait plus d'une fois déploré la perte, et s'estimait trop heureux de lui rendre sa première situation, si bien acquise désormais par la longue épreuve que la princesse venait de subir. En mémoire de cet événement, Baharam ordonna qu'on bâtît en ce lieu même un palais pour servir de maison de chasse et rappeler le singulier courage de la princesse persane.

L'exercice qu'il aimait avec passion devait être funeste au roi. Un des endroits les plus recherchés par les chasseurs persans est une belle plaine appelée Vallon-des-Héros. Des bois et des montagnes l'avoisinent ; sous l'herbe soyeuse coulent des ruisseaux transparents ; de larges et limpides fontaines étendent leurs bassins profonds dans ce lieu ; les plantes aquatiques cachent souvent sous leur verdure ces bassins naturels. Baharam, emporté par l'ardeur de la chasse, s'enfonça dans une de ces sources, et toutes les recherches possibles ne purent pas même faire retrouver son corps.

CHAPITRE VII.

—

Le Roi de Tartarie.

YESDIJIRD II succéda à Baharam. Le prince avait deux fils ; il voulait laisser sa couronne au plus jeune, pour lequel il se sentait une prédilection marquée. Pour favoriser ce plan, il nomma Feroze gouverneur d'une province éloignée, et garda Hourmuz près de lui. A la mort d'Yesdijird, Hourmuz lui succéda. Feroze, obligé de fuir dans le premier moment, alla chercher un asile chez un prince tartare, appelé par ses sujets Khoush-Nuaz, nom qui signifie le bon roi. Non-seulement le prince tartare reçut bien le fugitif, mais il lui donna encore une armée de trente mille hommes pour aller défendre ses droits. Feroze * était brave ; il rentra en Perse, s'empara du trône

---

* Le Perosis des Grecs.

et fit mettre à mort son jeune frère. Les Persans ne tardèrent pas à déplorer leur changement de maître. Une rude tyrannie pesa sur toutes les classes ; et Feroze, ingrat envers son protecteur, saisit la première occasion de lui déclarer la guerre pour le déposséder de ses états.

Le dévouement d'un officier tartare sauva Khoush-Nuaz de l'invasion : cet homme se fit couper le nez, les oreilles, un pied, une main, et, dans cet état, il se plaça sur le passage de l'armée ennemie *. Amené devant Feroze, qui l'interrogea sur la cause de son malheur, l'officier répondit que Khoush-Nuaz l'avait ainsi traité, parce qu'il avait voulu élever la voix contre les injustices que ce prince commettait journellement, et lui conseiller de ne pas lutter contre un héros aussi brave que le roi de Perse. « Maintenant, ajouta le mutilé, il me reste tout juste assez de force pour me venger ; et, si vous voulez suivre les chemins par lesquels je vais vous conduire, vous entrerez, sans combattre, jusqu'à la capitale du royaume. » Feroze ne douta pas de la bonne foi d'un ressentiment dont les causes étaient aussi évidentes. Il suivit son guide, et bientôt l'armée tomba dans des solitudes arides, où l'eau et les vivres lui manquaient. De tous côtés les Tartares les enveloppaient, et leur ôtaient tout moyen de retraite. La

---

* Ce fait est absolument semblable au dévouement de Zopire envers Darius, pendant le siége de Babylone.

plus grande partie des Persans mourut dans ce désert, et Feroze vaincu demanda au généreux Khoush-Nuaz de le laisser entrer en Perse avec les faibles débris de son armée. Le monarque tartare répondit à ces propositions : « Je vous ai comblé de faveurs dans l'adversité, vous avez trouvé auprès de moi des troupes et de l'argent pour vous replacer sur le trône de votre père. Devenu puissant, vous avez cherché à me perdre ; la fortune vous est contraire, et vous voilà tombé au dernier degré du malheur. Cependant je n'accomplirai pas votre destinée, si vous promettez d'une manière solennelle de ne plus faire la guerre contre moi ; et je consens même à vous prêter une escorte imposante pour rentrer dans vos états. »

Feroze n'était pas en position de refuser de telles offres ; il signa un traité, fit les serments les plus obligatoires, et partit encore une fois comblé des bienfaits du magnanime Khoush-Nuaz.

Au lieu d'être touché de la noblesse de son ennemi, Feroze ne ressentit que l'humiliation de sa défaite et le besoin de se venger ; tourmenté par des sentiments aussi bas, il voulut se relever de sa honte par la ruine de son bienfaiteur ; les conseils de tous les gens de bien de sa cour, les remontrances des prêtres n'arrêtèrent point son dessein. Il assembla une armée et passa de nouveau l'Oxus, dans l'intention de vaincre ou de périr. Khoush-Nuaz avait pris ses mesures ; la défaite de Feroze était inévitable , lorsqu'il présenta encore une fois le traité au prince persan en lui enjoignant de respecter ses serments. Feroze, prenant ce témoignage de bonté pour une marque de faiblesse, n'en devint que plus pressé de combattre. Les Tartares s'éloignèrent du champ de bataille , et leurs chefs , instruits à l'avance, les conduisirent avec précaution par des petits sentiers que de légers signes leur indiquaient. Les Persans se mirent à leur poursuite avec une ardeur qui leur devint funeste. Des tranchées ouvertes de toutes parts, mais cachées par de légers obstacles, engloutirent pêle-mêle hommes et cavaliers ; en ce moment les Tartares revinrent sur leurs pas et achevèrent la déroute de l'armée persane. Féroze périt dans la mêlée. Khoush-Nuaz recueillit un immense butin et fit un grand nombre de prisonniers.

Feroze avait laissé deux fils ; ils régnèrent successivement. Palasch * éprouva encore la générosité de Khoush-Nuaz , en montant sur le trône. Une de ses sœurs avait été faite prisonnière avec un grand nombre de Persans, dans la guerre récente ; le roi tartare renvoya la princesse sans exiger de rançon , et délivra également tous ses compagnons d'infortune. Le frère de Palasch avait cherché à lui disputer le trône ; il s'enfuyait vers lepays du Khakan **,

* Appelé Valens , dans l'histoire romaine.

** Roi de Tartarie, est toujours le même Khoush-Nuaz.

lorsque des messagers vinrent l'avertir que la mort de son frère remettait la couronne entre ses mains.

Kobad * tenait en ce moment le plus jeune de ses fils sur ses genoux ; cet enfant, objet de sa prédilection toute particulière, lui sembla être pour quelque chose dans un événement aussi inattendu, et il se promit de lui laisser le trône après lui, bien que ses droits ne l'y appelassent pas. La superstition et la crédulité entachaient l'esprit de Kobad ; il était facilement séduit par tout ce qui lui présentait quelque apparence merveilleuse. Un imposteur, appelé Mazdak, prétendait établir une religion nouvelle. Dans le but de s'assurer des prosélytes, il n'imposait à ses sectateurs d'autre loi que leur bon plaisir. La communauté de biens, reconnue en principe, justifiait tout ce que la loi qualifie du nom de vol. Le mariage n'était plus qu'un engagement temporaire, et les mutations perpétuelles des biens et des familles amenaient les plus grands désordres. Cette étrange explication des devoirs humains blessait tous les gens de bien ; les plaintes s'élevaient de toutes parts et venaient sans cesse au conseil du roi. Mazdak fut demandé par Kobad, bien décidé à le punir. Le fourbe parla au roi, d'un air parfaitement tranquille, des révélations journalières que l'esprit du monde daignait lui envoyer ; Kobad, séduit, consentit non-seulement à différer

* Cabadès des Grecs.

le châtiment de Mazdak, mais encore à attendre qu'il pût prouver sa mission par un miracle. « Venez donc avec moi au temple, dit Mazdak au roi ; car l'esprit ne tardera pas à s'y rendre. »

Quand ils furent là, Kobad entendit en effet Mazdak qui conversait avec la flamme sacrée ; la voix qui répondait paraissait toujours sortir de l'autel. Kobad, convaincu, adora le faux prophète qui se jouait de lui en usant d'un talent de jongleur bien connu de nos jours. Il était ventriloque et pouvait ainsi parler en donnant à sa voix toutes les directions et les intonations qui lui convenaient.

Le roi ne manqua pas d'accepter le nouveau culte ; son exemple et la protection qu'il accorda à Mazdak accrurent encore les abus dont on se plaignait. Une conspiration s'organisa dans le palais, et le roi, tombé au pouvoir des conjurés, fut mis en prison. Mazdak parvint à le délivrer et à lui faire atteindre sans péril la cour du généreux Khoush-Nuaz, dont il obtint une armée. Kobad remonta sur le trône et accorda un pardon général à ses sujets rebelles. Après un règne de quarante-sept ans, il laissa, selon sa promesse, le trône à son fils Noushyrvan.

Ce prince n'était pas partisan du nouveau culte ; aussi voulut-il d'abord refuser la couronne, parce qu'il lui était pénible, disait-il, d'avoir à réprimer les abus introduits dans l'état. Les grands insistèrent. Noushyrvan se laissa vaincre, et sa feinte modération ne l'empêcha pas, quelque temps après son élévation, de prendre des moyens très-énergiques contre Mazdak et ses partisans. Il leur donna l'ordre de se rassembler en un lieu désigné pour recevoir des marques de sa munificence. Le terrain préparé cachait des piéges où tombèrent tous ceux qui vinrent là, et pas un seul n'échappa à la mort.

Noushyrvan fit bâtir des villes, établir des ponts pour faciliter les communications du royaume. Il fonda des colléges, attira des savants et des philosophes grecs à sa cour.

CHAPITRE VIII.

—

Les Chrétiens et les Persans.

Les Persans ont tiré de tout temps une grande vanité de
l'accueil fait à leurs ambassadeurs. La différence qui
existe entre les usages de la cour de Perse et ceux des
autres cours, ils l'interprètent au profit de leur orgueil.
L'urbanité des nations policées, la facilité des communications avec les souverains, leur semblent autant de
marques d'humilité de la part des autres nations, à l'égard
de la leur, si formaliste. On dit que l'empereur Justinien,
d'ailleurs tributaire de la Perse, admit à sa table un envoyé de Noushyrvan, dont le rang n'était pas très-élevé.
Le fait est consigné dans l'histoire, avec toute la jactance
imaginable. De nos jours, les moindres circonstances ana-
logues dans les relations de la Perse avec les cours euro-

péennes, éveillent la même vanité chez les diplomates persans.

Un fils de Noushyrvan avait pour mère une chrétienne qui l'instruisit dans sa foi. Le jeune prince montrait un grand zèle pour la vraie religion, et méprisait ouvertement les croyances de la Perse. Noushyrvan chercha à ramener le prince aux opinions qui devaient lui assurer la couronne ; Nouschyad se montra inébranlable dans sa foi, et son père irrité le fit enfermer ; le châtiment échoua contre sa fermeté. Dans une maladie du roi, le bruit de sa mort se répandit. Nouschyad s'évada, et, soutenu par des chrétiens ses partisans, il s'établit dans le Fars et l'Ahvaz. Noushyrvan, revenu de la crise qui avait trompé sur son état, apprit la rébellion du prince, et envoya des troupes contre lui. Le général avait l'ordre particulier de ne pas l'épargner sur le champ de bataille, mais de le traiter avec tous les ménagements possibles s'il était fait prisonnier. La tournure de ces instructions décelait un secret désir que Nouschyad pérît les armes à la main ; c'est ainsi du moins que le général interpréta la volonté de son maître. Tout l'effort de la bataille fut dirigé contre le prince, qui succomba. Sans cet événement la religion chrétienne se serait peut-être propagée en Perse.

Noushyrvan montrait, en toute circonstance, une fermeté despotique, et son pouvoir était respecté au dedans et au dehors. Les souverains recherchaient son alliance, lui envoyaient les plus riches présents. Des ambassadeurs de la Chine apportèrent à Noushyrvan, de la part de l'empereur, la figure d'une panthère, dont le corps était couvert de perles fines, et les yeux faits de rubis ; une poignée de sabre en émeraude, ornée de pierres précieuses d'une immense valeur ; enfin une boîte d'or où était peinte une femme, ayant le visage voilé par ses cheveux ; mais, à travers cette chevelure, on distinguait une tête d'une si grande beauté, que les yeux n'en auraient pu soutenir l'éclat, sans l'adresse de l'artiste qui l'avait à demi cachée. Dans cette boîte le roi trouva une robe de soie, sur laquelle était représenté un monarque, vêtu suivant le costume des rois de Perse, ayant une riche couronne sur la tête, et autour de lui tous ses serviteurs inclinés, tenant à la main une bannière d'or ; le fond de cette merveilleuse robe était d'un bleu céleste. Les présents de l'empereur de l'Inde n'étaient pas moins beaux : il envoyait un millier pesant de bois d'aloès, un vase fait d'une seule pierre précieuse, rempli de belles perles orientales. Sur un côté du vase on voyait un lion gravé, et de l'autre une belle jeune fille, dont les yeux brillaient d'un éclat surprenant, entre ses cils baissés. Cette figure n'avait pas moins de sept travers de main de hauteur, ce qui suppose au vase une dimension presque double. On avait sans doute recueilli la pierre précieuse qui le formait dans le même pays où fut trouvée la peau de serpent qui, plus fine qu'aucune soie, et diaprée de ses propres nuances, put faire un magnifique tapis d'une seule pièce pour la salle du trône du roi de Perse.

Malgré sa sévérité paternelle, et quelques actes d'une justice douteuse, Noushyrvan passa pour un roi sage et ami de son peuple. Le pouvoir despotique du souverain de la Perse et les habitudes de la nation doivent modifier les jugements que l'on porte sur les rois de ce pays. Si Noushyrvan suivait parfois son premier mouvement pour punir, du moins voulait-il que ses officiers usassent de modération envers ses sujets. Mais, hors de la surveillance immédiate du souverain, chaque gouverneur traitait arbitrairement le peuple de sa province, et personne n'osait s'en plaindre. Une circonstance vint au secours des opprimés.

Des chacals ou hyènes, sortis des champs tartares, apparurent tout-à-coup dans le royaume. Superstitieux comme ses devanciers, Noushyrvan demanda aussitôt au grand-prêtre ce que signifiait ce fléau : « Par ce que j'ai appris de l'histoire des temps primitifs, répondit le pontife, c'est lorsque l'injustice prévaut, que les animaux de proie se répandent dans le royaume *. » Le roi comprit ce langage ; il nomma sur-le-champ une commission de treize personnes, et les chargea d'aller dans toute la

---

* Les souverains de la Perse, regardés comme infaillibles, ne peuvent jamais recevoir que des avis allégoriques de la part de leurs conseillers.

Perse, et de lui faire le rapport fidèle des abus qui s'y commettaient. Le résultat de ces recherches amena la découverte des plus grands abus, et l'exécution de vingt-quatre gouverneurs convaincus d'injustice et de tyrannie. Il est probable que des chasses, organisées contre les hyènes, débarrassèrent en même temps le pays des hôtes dont l'apparition amenait d'heureux changements dans l'administration du royaume.

Noushyrvan prétendait avoir puisé son respect pour la justice dans un souvenir d'enfance. « Étant jeune, disait-il, je vis un jour un homme qui jeta une pierre à un chien, et lui cassa la patte. Un moment après, un cheval passe, et d'un coup de pied casse la jambe de l'homme. L'animal, s'en allant au galop, avait à peine parcouru quelque distance, que son pied entra dans un trou, et sa jambe fut cassée. Je regardai ces différentes scènes avec surprise et respect, et depuis ce temps, la crainte de Dieu m'a toujours préservé de commettre une injustice. »

Mahomet, qui était né pendant le règne de Noushyrvan, se félicitait, dit-on, de vivre en même temps qu'un si grand prince. Une des propriétés de la couronne enclavait la misérable cabane d'une pauvre femme. Elle n'avait pas voulu vendre son bien, si magnifiquement situé, qu'elle jouissait de la vue des jardins du palais, aussi bien que le roi lui-même. Comme on rapportait le fait à Noushyrvan, en lui demandant comment il convenait de châtier l'in-

solence de cette femme, le prince ordonna que la propriétaire ne fût nullement inquiétée, et restât au milieu
de son domaine. Un ambassadeur romain dit, en voyant
ce petit coin de terre agreste, sans harmonie avec ce qui
l'entourait : Cet endroit, consacré par la justice, me paraît
surpasser en éclat toutes les merveilles qui l'environnent *.

L'éducation de l'héritier du trône avait été confiée au
grand-visir Abouzas-A-Mihir. Hourmuz, désigné pour
succéder à son père, avait pour mère la fille de Khoush-
Nuaz, le roi de Tartarie, et la haute naissance de la princesse était le principal droit d'Hourmuz à la couronne de
Perse. Sous la tutelle, choisie par son père, le prince ne
montra que des penchants vertueux. Abouzaz a été nommé
par les Occidentaux, le Sénèque de l'Orient, tant il montra
de sagesse. C'est à lui qu'on attribue l'invention des échecs.
Après la mort de Nousbyrvan, le visir demanda bientôt à
se retirer ; ce fut alors qu'Hourmuz, livré à lui-même,
suivit l'exemple de Néron, l'élève du Sénèque romain, et
tomba dans toutes sortes de désordres. Des soulèvements
intérieurs, des guerres au-dehors, accablèrent tout-à-coup
le royaume. Pressé par mille périls, le roi envoya chercher
un devin pour le consulter. L'astrologue prétendit qu'une

---

* Le grand Frédéric en fit autant pour les meuniers de Postdam. Le
moulin de ce nom est devenu un des monuments glorieux de la couronne de
Prusse ; et tout dernièrement le roi actuel a payé les dettes du propriétaire
de Postdam, pour l'empêcher de vendre le moulin refusé à son aïeul.

ancienne prédiction annonçait que les ennemis d'Hourmuz devaient être défaits par un général d'une taille élevée, ayant des sourcils épais et rejoints l'un à l'autre. Le signalement peignait si bien Baharam-Choubyn, que le brave général, désigné à dessein sans doute par les grands de la cour, reçut le commandement de l'armée. Il choisit ses troupes parmi les anciens soldats de la Perse, ceux qui avaient vaincu sous le règne précédent. Aucun des hommes enrôlés n'avait moins de quarante ans, ni plus de cinquante. Les Tartares furent chassés, et un immense butin, envoyé au roi, lui confirma les nouvelles d'une victoire complète. Hourmuz, naturellement envieux, devint jaloux de la gloire de Baharam-Choubyn. Les flatteurs caressent plutôt les défauts des princes que leurs bonnes qualités. Un courtisan sut pénétrer les secrètes pensées du roi ; et, sans avoir l'air de prétendre à aider son ressentiment, il lui dit, en parlant du butin, que Baharam n'avait envoyé que l'oreille de la vache, et gardait pour lui la meilleure part. Le roi ne répondit pas, mais bientôt après, ayant su que le général venait d'éprouver un léger échec contre les Romains, il lui envoya, en signe de raillerie, une robe de femme et une quenouille. Le fier guerrier se revêtit sur-le-champ de l'habillement qu'il recevait et se présenta dans ce costume à son armée : « Vous voyez, dit-il aux soldats, la récompense dont le maître que je sers a bien voulu honorer mes services. » Il s'éleva un cri d'indignation générale ; les soldats saluèrent Baharam comme leur souverain, et le prièrent de les conduire contre le misérable prince efféminé, qui, du fond de son palais, insultait aussi amèrement son brave défenseur. « Je ne veux pas de la couronne pour moi, répondit le général, mais nous élirons Khousrou-Puvez à la place de son indigne père. » Tel était le plan arrêté. Khousrou-Puvez instruit des dispositions de l'armée, s'effraya de voir une révolte organisée en son nom. Il s'enfuit sur le territoire romain, où l'empereur Maurice l'accueillit généreusement. Hourmuz détrôné mourut dans un cachot. Le trône était vacant : Baharam songea seulement alors à s'en emparer pour lui-même. Les Romains se déclarèrent en faveur de Khousrou-Puvez, et le rétablirent dans ses droits, sans même éprouver beaucoup de résistance de la part des Persans, qui tenaient à conserver l'hérédité du trône, afin de maintenir la paix intérieure, à la mort de chaque souverain. Baharam, vaincu par l'opinion, se retira chez les Tartares. Les rois de ce pays donnaient souvent asile, comme nous l'avons vu, aux guerriers et aux princes de la nation persane. Ils montraient un grand respect pour le malheur, et récompensaient le courage jusque dans leurs ennemis ; aussi Baharam-Choubyn retrouva-t-il à la cour étrangère toutes les distinctions dont il aurait joui dans son pays, si le roi de Perse se fût montré plus juste à son égard.

Une étroite alliance s'était établie entre Maurice et Khousrou ; ils échangeaient publiquement les noms de père et de fils. L'acte d'adoption avait même été rédigé. Tous les Romains qui concoururent à ramener le fils de Maurice en Perse, furent comblés de faveurs ; les Persans rebelles éprouvèrent la rigueur du nouveau souverain. Khousrou était fidèle dans ses affections, implacable dans ses haines. Lorsqu'un fils de Maurice vint annoncer au roi de Perse la mort tragique de son père, Khousrou s'engagea à venger les mânes de l'empereur, et déclara immédiatement la guerre aux Romains. Le centurion Phocas était promu au pouvoir, des factions déchiraient l'empire. Des victoires faciles, mais importantes, récompensèrent les moindres efforts des Persans. Les armées s'emparèrent de plusieurs villes de la frontière, étendirent leurs ravages en Syrie et prirent Jérusalem. Effrayés des profanations dont les lieux saints étaient menacés, des prêtres avaient caché la vraie croix pour la soustraire aux outrages des idolâtres ; les mages persans demandaient instamment cette relique pour se venger sur elle des progrès du christianisme. On fit des perquisitions, la vraie croix fut découverte. Les fidèles apôtres de la foi suivirent en captifs le symbole de leur croyance. Zacharie, le vénérable patriarche, marchait à la tête des chrétiens, tous priant Dieu du fond de leur cœur, et le pieux vieillard donnant l'exemple de la résignation à ceux qui partageaient son sort. Les chrétiens ne laissaient que des ruines derrière eux. Le tombeau avait été pillé, les magnifiques églises élevées par Hélène et Constantin n'existaient plus. Des offrandes accumulées depuis trois cents ans furent enlevées en un seul jour, et quatre-vingt-dix mille chrétiens étaient tombés sous le fer des Barbares.

Renfermé dans son palais somptueux, Khousrou-Puvez n'avait pas pris de part à ces conquêtes ; il ne songeait lui qu'à surpasser en magnificence le luxe de tous ses devanciers, et se faisait faire une demeure nouvelle pour chaque saison. Ses trônes avaient un éclat éblouissant ; l'un d'eux, représentant les douze signes du zodiaque, aurait suffi à la fortune d'un roi. Douze mille femmes esclaves, toujours richement parées, habitaient les palais. Khousrou n'avait pas moins de cinquante mille chevaux, et celui qu'il montait de préférence s'appelait Shud-Dyz, *plus vite que le vent*. Le roi n'estimait les conquêtes de ses généraux qu'autant que les trésors conquis sur les ennemis venaient ajouter quelque chose à son luxe, à ses folles prodigalités. Toutes les contrées devenaient tributaires de ce seul désir, et la pompe et la représentation royale avaient atteint sous son règne un éclat fabuleux.

Quand la folie humaine a obtenu tout ce qu'elle souhaitait, le malheur est souvent bien près de faire sentir sa puissance vengeresse. Khousrou était sans y songer prêt à tomber dans un abîme de maux. Nous avons dit que Mahomet vivait au temps de Noushyrvan. Les disciples du Coran ne manquent pas d'attribuer les revers de ce roi au mépris qu'il fit d'une lettre du prophète. Mahomet écrivit à Khousrou et l'engageait à changer de religion. Après avoir lu avec dédain les exhortations du musulman, le roi déchira la lettre et en jeta les morceaux dans la rivière de Karasou. Comme le lit de cette rivière est très profond et ses bords escarpés, les Persans modernes assurent que les eaux se sont enfoncées d'horreur pour cet acte, et qu'elles se refusent depuis le même temps à fertiliser les pays qui bordent son cours.

Bientôt une armée romaine envahit le territoire Persan. Cette armée était commandée par l'empereur Héraclius, prince faible dans l'intérieur de son palais, et plein de bravoure et de résolution à la tête de ses troupes. Avant de quitter ses états, il avait juré entre les mains du pontife de sa capitale de vaincre ou de mourir pour la défense de son pays. Partout la victoire se déclara en sa faveur. Khousrou apprit qu'il perdait successivement toutes les conquêtes faites sous son règne ; le centre de la Perse fut envahi ; il vit tout cela et ne fit pas une seule démonstration personnelle pour arrêter sa ruine. Il ne sut que s'enfuir lorsqu'il craignit qu'Héraclius vînt le surprendre à Dustajird où il s'était réfugié. La colère de l'armée s'éleva unanime et terrible contre le lâche monarque. Shirouch, fils de Khousrou, se déclara ouvertement contre son père, et eut la cruauté de le poursuivre dans sa retraite. Étant parvenu à le faire arrêter, il souhaitait trouver un moyen de le mettre à mort, sans en avoir la responsabilité ; mais personne parmi les siens n'osait lever le glaive sur le roi prisonnier. Un officier dont Khousrou avait fait récemment mourir le père, s'offrit cependant, pour satisfaire sa propre vengeance, à obéir aux ordres de Shirouch. Lorsque cet officier parut dans le cachot du roi, Khousrou comprit quel était son message : « Cela est juste, dit-il ; il convient à un fils de tuer le meurtrier de son père. » Le messager remplit sa tâche, et vint demander au roi le prix du sang répandu. Shirouch se fit raconter ce qui s'était passé. L'officier répéta les paroles du roi. « Cela est juste, reprit Shirouch, il convient à un fils de tuer le meurtrier de son père ; » et il tua sur la place le complice de son crime. Cet exemple dut rappeler aux courtisans qu'il est toujours dangereux de servir les passions des rois. L'hypocrisie de Shirouch, qui prétendait par ce châtiment rejeter sa faute sur l'homme qu'il avait employé, ne trompa personne ; ce fut à lui seul qu'on imputa le meurtre de Khousrou. D'ailleurs, après ce crime, il en commit un grand nombre d'autres pour se fortifier contre le remords ; mais les reproches de ses sœurs, la terreur qu'il lisait dans tous les regards finirent par vaincre son courage. Il tomba dans une profonde mélancolie, et mourut après huit mois de règne.

L'empereur Héraclius avait rapporté à Constantinople

la croix reprise sur les Persans. Les captifs délivrés par-
coururent cette fois en triomphe les chemins qui leur
étaient ouverts pour rentrer dans leurs pays. Des chants
d'actions de grâce et la pompe des cérémonies chrétiennes
suspendaient parfois la marche de l'armée. Quand l'empereur rentra à Constantinople, ses conquêtes et ses victoires
lui causaient moins d'orgueil que la relique rapportée au
siége de son empire, et les acclamations de la multitude
avaient surtout pour objet le retour de ce précieux symbole.

CHAPITRE IX.

—

Les Arabes envahissent la Perse.

La Perse vaincue, démembrée, ne recouvra plus sa splendeur. Quelques règnes éphémères précédèrent celui du roi Yezdijird, sous lequel arriva l'invasion des nouveaux sectateurs de Mahomet. Les Arabes embrassèrent avec ardeur une religion dont les brillantes promesses offraient un aliment continuel à leur valeur, et des récompenses abondantes dans le ciel.

« Quoiqu'il y ait dans la Péninsule et l'Arabie plusieurs chaînes de hautes montagnes, la plus grande partie de cette célèbre contrée consiste en plaines unies, arides et sablonneuses, qui ne peuvent nourrir qu'un petit nombre d'habitants. Le peu de points cultivés que présente cette province, ses groupes épars d'arbres dénués de verdure, ses eaux si pures, mais si rares, ne peuvent sembler délicieux qu'à des hommes qui ne connaissent pas le charme d'une végétation vraiment belle et abondante. » L'orgueil de l'Arabe est fortement excité par l'idée que son pays n'a point subi d'invasion étrangère. Ce rare avantage vient précisément de la pénurie de cette terre coupée par d'immenses déserts, et si peu productive que l'Arabe nomade est toujours prêt à refluer dans des contrées plus favorisées que la sienne.

« L'indépendance est la juste et infaillible récompense de tout homme qui consent à mener une vie de fatigues et de privations. Les déserts, les montagnes, servirent souvent d'asile aux hommes libres ou braves. Rarement on vient les attaquer sur ce terrain; l'ambition n'aurait rien à gagner, en s'emparant d'un pays que nul travail ne saurait rendre fertile; aussi l'Arabie ne contient-elle que des peuplades vierges de toute domination étrangère.

« L'Arabe n'est pas très-robuste; mais il est bien fait, actif, et grâce à ses habitudes ainsi qu'à son éducation, il ne craint ni la fatigue, ni le danger. Son esprit est vif, mais peu réfléchi, et son caractère crédule et enthousiaste. Dans ses plaisirs et dans ses travaux, il a pour associés le cheval et le chameau du désert. L'intimité dans laquelle ces deux espèces vivent avec l'homme, leur a fait contracter une supériorité d'instinct, que les mêmes animaux ne montrent pas dans les autres pays *. »

Dans les premiers siècles, les Arabes adoraient le soleil et les planètes, ainsi que les autres peuples nomades. Il était tout naturel que le sentiment confus de la divinité, que chaque homme apporte dans sa conscience en naissant, s'appliquât d'abord à ces bienfaisantes manifestations de l'intelligence universelle. Quelques croyances juives, et le christianisme altéré, s'étaient également introduits parmi les Arabes, et des discordes intérieures étaient le fruit de ces différents cultes, tous mal compris. La doctrine de Mahomet, à son apparition, séduisit aussi les esprits, et le prophète vécut assez pour voir sa religion reconnue dans toute l'Arabie. Les chrétiens ignorants s'y rallièrent, car Mahomet avait emprunté ses meilleurs dogmes à l'Évangile. Sa part à lui était surtout la violence et l'esprit de conquête. Il proclamait un seul Dieu, appelait l'Arabe à renoncer à l'idolâtrie, et lui présentait,

---

* Le cheval arabe est supérieur à tous pour la vitesse, la douceur et la résistance à la fatigue. Dans tous les pays, les races des chevaux les plus estimés viennent de la souche arabe.

Le chameau et le dromadaire ne sont guère moins estimés de l'Arabe que son cheval. Ce patient et robuste compagnon lui fournit du lait pour sa nourriture, transporte de l'extrémité d'un désert à l'autre ses biens et sa famille, et, quand l'occasion l'exige, le met en état de fuir ou de poursuivre ses ennemis, avec une vitesse presqu'incroyable et à des distances prodigieuses.

pour prix de sa conversion et de son obéissance, la satisfaction complète de tous les désirs de son cœur. Bien différent en cela de l'Évangile, qui prêche la paix, la fraternité, et remet dans les mains de Dieu et pour une autre vie, les récompenses méritées, le Coran accordait une pleine satisfaction à tous les cœurs. Les biens de ce monde, toutes les jouissances terrestres, devaient être le prix du pieux soldat. Venait-il à succomber, un paradis l'attendait, il devait y retrouver une jeunesse perpétuelle, habiter des palais ornés d'or et de rubis, et placés au milieu de merveilleux jardins, où coulaient de frais ruisseaux, où s'étendaient de magnifiques ombrages peuplés d'oiseaux, formant de ravissants concerts en ces lieux de béatitude. Cette religion, si bien en harmonie avec les souhaits d'un peuple pauvrement doté en cette vie, annonçait encore la guerre à tous ceux qui ne se soumettraient pas à la nouvelle loi. Il fallait combattre et conquérir pour mériter le ciel ; les Arabes étaient prêts à se livrer à l'invasion. Leur première tentative fut dirigée contre l'empire Persan : elle eut lieu sous le calife Omar, qui ordonna à un de ses généraux, appelé Abou-Obeid, de passer l'Euphrate. Une défaite, essuyée au début de la guerre, ne ralentit pas le zèle des musulmans. Dans un second engagement, le Diefchi-Kaouany, ou étendard du forgeron, déployé par les Persans, sembla encore les protéger par son influence ; mais bientôt la fortune se déclara en faveur des Arabes. Plusieurs souverains de Perse périrent dans des révoltes. Lorsque la couronne échut à Yezdijird, la nation reprit quelqu'espoir en la sagesse bien connue de ce prince. La première mesure qu'il prit, fut d'envoyer un agent à Saud-Ben-Wakass, général de l'armée d'Omar, pour le prier d'entrer en négociations, au sujet de la guerre. Saud envoya trois chefs arabes à Madian : lorsque ceux-ci furent admis en présence d'Yezdijird, le roi s'adressa, en ces termes, au plus distingué des trois ambassadeurs, dont le nom était Shaikh-Maghurah :

« Nous vous avons toujours regardés avec très-peu de considération, parce que jusqu'à présent, les Arabes n'ont été connus, en Perse, que sous deux titres, celui de marchands ou de mendiants. Vos aliments sont des lézards verts, votre breuvage de l'eau salée, et votre vêtement quelqu'étoffe de poil grossier; mais depuis peu de temps, vous êtes venus en plus grand nombre en Perse; vous avez mangé de bons vivres, vous avez bu de l'eau douce et vous avez goûté la commodité de bons habits; vos frères ont appris de vous toutes ces choses, et ils sont arrivés en foule pour partager le même bien-être. Non contents des avantages que vous avez obtenus, vous prétendez aujourd'hui nous imposer une religion nouvelle, que nous ne voulons pas accepter. Cette conduite, ajouta le monarque, ressemble assez à celle du renard d'une fable que je vais vous dire. L'animal entra dans un jardin

où il trouva du raisin en abondance. L'honnête jardinier
l'aperçut, mais ne voulut pas le troubler. Le produit de
ma vigne, pensa-t-il, ne sera pas fort diminué par le peu
qu'en prendra un pauvre renard affamé. Mais l'animal
rassasié, non content de sa bonne fortune, alla publier,
dans sa tribu, l'excellence des raisins et la bonhomie du
propriétaire. Le jardin fut bientôt rempli de renards ; et
le maître, justement irrité, commanda une chasse impitoyable contre ces intrus qui voulaient causer sa ruine.
Néanmoins, reprit Yezdijird, comme je suis persuadé que
vous n'avez été portés à cette conduite que par des besoins
pressants, non-seulement je veux bien vous pardonner,
mais je chargerai vos chameaux de froment et de dattes,
pour que, de retour dans votre pays, vous puissiez régaler
vos compatriotes. Mais, si vous restez en Perse, aucun
de vous n'échappera à ma juste vengeance. »

Les Orientaux apportent un grand calme, une dignité inal-
térable dans leurs rapports parlementaires de nation à nation.
La harangue du roi fut écoutée jusqu'au bout, sans le moindre
signe d'impatience. Quand il eut fini de parler, l'Arabe se
leva à son tour. « Tout ce que tu as dit est vrai, et bien
plus encore, mais pour un autre temps déjà bien loin de
nous. Oui, les Arabes vivaient de lézards verts, ils en-
terraient vivantes leurs filles nouvellement nées, afin que
la population ne s'accrût pas au-delà des ressources de
leur pays. Quelques-uns des nôtres se repaissaient de ca-

davres et buvaient le sang de leurs semblables ; d'autres tuaient leurs parents, et se regardaient comme braves, s'ils avaient obtenu par là quelque profit. Nous étions vêtus de tissus de poil ; le bien et le mal nous étaient indifférents, et mes compatriotes ne savaient pas distinguer ce qui est permis de ce qui est défendu. Tel était notre état ; mais Dieu, dans sa pitié, nous a envoyé un livre qui nous enseigne la vraie foi : par ce livre il nous est ordonné de faire la guerre aux infidèles, et d'échanger notre triste et misérable condition contre les richesses et le pouvoir. Nous vous invitons solennellement aujourd'hui à recevoir notre croyance. Si vous y consentez, il ne restera pas un seul Arabe en Perse, sans votre permission ; et nos chefs vous demanderont seulement les taxes établies, que tous les croyants sont obligés de payer. Si vous refusez cette première offre, vous pouvez encore échapper à l'invasion, en payant le tribut que nous doivent tous les infidèles. Au refus de ces deux propositions, préparez-vous à une guerre à outrance. »

Yezdijird était trop fier pour consentir à un traité aussi humiliant. L'ambassade fut congédiée, la guerre se ralluma avec plus de fureur ; et la Perse succomba en bien peu de temps. Les Arabes, rassasiés de butin, ne connaissaient même pas le prix des richesses dont ils s'emparaient : un soldat demandait à changer tout ce qu'on voudrait de pièces jaunes contre un peu d'argent blanc. Il n'avait jamais vu d'or et se croyait très-mal partagé d'en avoir sa charge au lieu de quelques poignées d'argent monnayé. L'étendard du forgeron, ayant toujours conservé sa forme primitive, mais agrandi sur d'immenses proportions, et couvert de pierreries les plus riches, tomba au pouvoir des Arabes. Le calife Omar le reçut pour sa part de butin ; et telle était la magnificence de ce lot, que les moindres parties de cet étendard, distribués à quelques généraux arabes, suffirent pour leur assurer une puissante fortune.

Le roi s'était enfui après la bataille perdue ; il rallia encore une fois son armée, et s'établit dans les provinces de Khorassan, de Rhè et de Hamadan, qui lui restaient encore. De nouveaux ordres du calife Omar dirigèrent les Arabes de ce côté. Noman les commandait. Quand les armées furent en présence, le général arabe s'exprima ainsi : « Amis, préparez-vous à vaincre ou à boire le doux sorbet du martyre. Je vais vous crier trois fois Tuk-Byr : à la première vous ceindrez vos reins ; à la seconde vous monterez sur vos chevaux ; à la troisième, lance en arrêt, courrez à la victoire ou au paradis. Quant à moi, ajouta Noman, d'une voix haute et passionnée, je veux être martyr. Quand je serai tué, obéissez aux ordres de Huzyfah-Ebn-Ali-Oman. » Aussitôt il poussa le premier le cri du Tuk-Byr Allah-Akbar, ou Dieu est grand ; les les sabres furent attachés ; au second l'armée était à cheval, et l'attaque commençait au troisième. Noman se fit tuer ainsi qu'il l'avait dit, et la victoire resta complète à son parti, et sans espoir de retour pour les vaincus.

Cette bataille avait eu lieu dans les plaines de Nahavund, en 641. Elle décida du sort de la Perse, qui, de ce moment, tomba sous la domination des califes arabes. Yezdijird, poursuivi de ville en ville, s'enfuyait à pied devant les vainqueurs, se défendant partout où il régnait peu de de temps auparavant. Il passa du Seistan dans le Khorassan; enfin il s'arrêta à Merv, où il trouva quelque protection. Mais le khakan tartare donna l'ordre au gouverneur de s'emparer de l'ex-roi de Perse; le gouverneur de Merv consentit à trahir le réfugié; il ouvrit ses portes aux troupes envoyées contre Yezdijird. Les habitants, surpris et indignés, voulurent faire résistance; ils furent vaincus, et parvinrent seulement à faciliter encore la sortie d'Yezdijird dans la campagne. Il gagna un moulin, situé à plus de deux lieues de la ville, et pria le meunier de le cacher pour une certaine somme; le meunier consentit à mettre le roi à l'abri des poursuites. Yesdijird donna, pour gage de sa promesse, sa riche épée et son baudrier; et, se croyant enfin en sûreté, il se livra au sommeil.

Cependant le meunier commença à réfléchir, en se voyant un tel dépôt en main, que mieux valait le trésor entier que la petite somme qu'il venait de gagner. Alors il se glissa lâchement près de son hôte, et, armé de son épée, il sépara sa tête de son corps, dépouilla le cadavre de ses riches ornements, et le jeta dans le cours d'eau qui servait à faire tourner le moulin, puis il se réjouit de la fortune qu'il venait d'acquérir sans le moindre danger.

Le khakan tartare s'était établi à Merv; les habitants de cette ville supportaient impatiemment son oppression, et le gouverneur commençait lui-même à se repentir de sa trahison. On s'entendit avec lui pour tomber à l'improviste sur les Tartares, et les chasser du territoire. Le plan réussit. Le khakan, ayant perdu une grande partie des siens, s'enfuit jusqu'à Bokharah. Libérés de cette armée, les habitants de Merv envoyèrent des émissaires à la recherche d'Yezdijird : les perquisitions les plus minutieuses n'apprenaient rien, lorsque le meunier, pressé de tirer parti de son vol, fut surpris portant sur lui les dépouilles d'Yezdijird. Cet indice saisi, le crime ne tarda pas à être découvert ; et, le cadavre retrouvé, le meunier périt victime de la fureur populaire. Le corps d'Yezdijird reçut des honneurs dignes de son rang ; il fut embaumé et déposé à Istakhr dans le tombeau de ses ancêtres. Yezdijird était le dernier roi de la maison Sassan. Cette dynastie avait été illustrée par les règnes d'Ardeschyr, de Shahpour et de Noushyrvan.

Les Califes. — Yacoub-Ben-Leis.

La conquête achevée, les califes s'établirent à Bagdad, nommèrent des lieutenants pour gouverner les provinces. Ceux-ci cherchèrent bientôt à se rendre indépendants. Le zèle religieux s'était promptement attiédi, et l'ambition reprenait son empire. Des troubles agitaient toutes les parties du royaume ; il ne manquait qu'un chef pour se mettre à la tête de la révolte : ce chef ne tarda pas à se montrer.

Yacoub-Ben-Leis était le fils d'un potier d'étain. Dans son enfance il apprit même le métier de son père ; mais tous les produits de son labeur étaient employés à solder de jeunes enfants pauvres comme lui, dont Yacoub s'intitulait le chef. Sa prodigalité lui donnait en effet un grand ascendant sur ses camarades. Cette troupe grandit en même temps que son général, et les petites aventures auxquelles Yacoub l'avait exercée sous ses ordres donnèrent aux jeunes gens le goût de l'indépendance et l'amour du péril. Ils quittèrent la ville, se répandirent dans les plaines et les montagnes pour s'y livrer en toute liberté et sans crainte d'être punis, à la profession de voleurs. Leurs exploits firent du bruit, et le gouverneur du Seistan, attaqué par le gouverneur du Khorassan, ne dédaigna pas de prier Yacoub de lui accorder son assistance. En peu de temps le chef de voleurs devint général d'armée et, ne se conten-

tant pas du titre obtenu, il résolut de prendre la place de
celui qui l'avait appelé à sa défense. Derham-Ebn-Naser,
gouverneur du Seistan, était en révolte ouverte contre le
calife Mutawukel. Yacoub s'empara de Derham, l'envoya
enchaîné à Bagdad, et réclama auprès du calife la place de
l'officier rebelle. Mutawukel ne repoussa pas les prétentions du fils du potier. Des dangers personnels l'entouraient,
il ne jugea pas prudent d'accroître le nombre de ses ennemis. Yacoub-Ben-Leis reçut donc l'investiture du gouvernement qu'il occupait. Cette pusillanimité ne sauva pas
Mutawukel ; quelques jours après, les insurgés parvinrent
jusqu'à lui pendant qu'il était à table avec son visir Futteh.
On les tua tous les deux. En voyant son maître assassiné,
le visir s'était écrié : O Mutawukel ! je ne désire pas te survivre ; et ces paroles avaient à l'instant attiré sur lui le
glaive des conspirateurs. Le fou du calife, qui s'était réfugié
tout tremblant de peur derrière un rideau, sortit aussitôt
de là et vint parodier le dévouement du visir. O Mutawukel ! s'écria-t-il, en joignant les mains devant le calife
mort, je désire ardemment te survivre. La plaisante et
basse mine du fou en prononçant ces paroles, amena le
rire au milieu de cette scène tragique, et le plaisant fut
épargné.

Yacoub poursuivit ses envahissements ; il se trouva
bientôt maître de plusieurs provinces formant un immense
royaume, dont il aurait pu se contenter, mais il voulait

renverser le pouvoir des califes, et il déclara la guerre au fils de Mutawukel, qui avait succédé au trône de Bagdad. Mustamed voulut prévenir cette guerre. Il envoya au potier la confirmation des pouvoirs conquis. Yacoub répondit fièrement qu'il n'avait nul besoin de l'approbation du calife pour posséder ce qui lui appartenait du droit de son épée. Néanmoins une première bataille donna l'avantage au calife, qui voulut encore entrer en arrangements. Yacoub reçut un second message. Ce dernier était dangereusement malade en ce moment; mais il voulut, malgré son état, recevoir lui-même le parlementaire. Il se fit en même temps apporter un morceau de pain grossier, des oignons et son épée. Quand l'envoyé parut, Yacoub se leva sur son lit : « Faites savoir à votre maître, dit-il à l'officier du calife, que si je vis, cette épée décidera entre nous. Si je suis vainqueur, je suivrai ma seule volonté. Que si la victoire se décide pour lui, ce pain et ces oignons suffiront à ma nourriture. La fortune ne peut rien sur un homme qui sait vivre de pareils aliments. »

Yacoub mourut; son frère Amer se soumit au calife et succéda aux dignités du rebelle. Quelque temps après, le peuple du Khorassan s'étant plaint de son oppression, Amer, que le calife n'était pas fâché d'humilier, perdit son pouvoir, et fut maudit dans toutes les mosquées. Il s'enfuit dans le Seistan, son pays, et, ayant rassemblé des forces et fait des conquêtes importantes, il rentra en grâce, et son nom fut réhabilité dans les prières publiques. Malgré les ordres du calife, Amer se maintint en état de guerre contre plusieurs gouverneurs. Mustamed réunit alors de nombreuses forces contre lui. Le frère d'Yacoub, bien loin d'imiter la tempérance dont celui-ci fit toujours preuve, menait un somptueux train de vie. Ses tentes étaient magnifiques, sa table coûtait des sommes immenses, et l'armée était encombrée des bagages d'Amer. A la première bataille rangée, ses troupes furent complètement défaites. Amer chercha vainement à s'enfuir; son cheval tomba, il fut reconnu et fait prisonnier. Du moins sa mauvaise fortune ne lui ôta pas sa tranquillité extérieure. On raconte qu'un soldat lui avait servi dans un vase de terre commune, les aliments grossiers destinés à calmer sa faim. Un chien survint dans la tente et, passant sa tête allongée à l'entrée du vase, il l'y enfonça, et ne parvint plus à se dégager de cette marmite, qu'il emporta dans sa course. Amer dit en riant : « Ce matin, mon intendant se plaignait de n'avoir que trois cents chameaux pour porter mes provisions de bouche. Un chien, maintenant, peut me ravir à lui seul mon dîner et ma batterie de cuisine. » Le général qui avait défait Amer s'appelait Ismaël Samanée. Son prisonnier lui offrit, s'il voulait le laisser échapper, de lui découvrir le lieu où il gardait ses trésors. « Vos parents étaient de pauvres potiers, répondit Ismaël ; si vous n'aviez pas abusé du pouvoir accidentel dont vous avez joui, vous n'auriez pas eu des richesses à enfouir. Je ne veux rien posséder qui vienne d'une source impure, je croirais souiller mes mains en tenant de vous ce trésor. »

La conduite d'Ismaël était d'autant plus belle, que l'armée, dépourvue de ressources, demandait à grands cris sa paie au général. Les soldats voulaient lever des contributions sur le pays vaincu. Ismaël s'était engagé à n'en rien faire, et pour ne pas manquer à sa parole, il ordonna qu'on se mît en marche. Dans les préparatifs de départ, un collier de rubis appartenant à une des femmes du général, fut emporté par un vautour. On poursuivit l'oiseau, on le vit déposer le bijou dans un puits sans eau. Des hommes y descendirent immédiatement, et non-seulement le collier se retrouva ; mais plusieurs caisses de pierreries étaient dans le même lieu. C'était une partie des richesses d'Amer. Le général s'en empara pour payer ses troupes, et il leur recommanda à cette occasion de se rappeler que Dieu n'abandonne jamais ceux qui savent résister aux tentations et respecter la foi jurée.

Amer passa quelques années dans une forteresse, et malheureusement pour lui, le calife, se ressouvenant de lui quelques instants avant sa mort, ordonna qu'on le fît mourir.

Peu de temps après la chute d'Amer, Ali-Buyah, qui venait de conquérir le gouvernement du Fars, trouva également des trésors d'une façon assez singulière, et sans l'avoir aussi bien mérité qu'Ismaël Samanée. Étant couché dans le palais d'Yacoub, son prédécesseur, il vit un serpent qui montrait sa tête par l'ouverture d'une fente de murailles. Effrayé par la présence du dangereux reptile, il ordonna qu'on fît des recherches pour le détruire. A peine eut-on démoli quelques pierres du mur, que des caisses pleines d'or, d'argent et de bijoux, s'offrirent aux yeux des travailleurs, qui en avertirent Ali-Buyah. Cette fortune lui arrivait fort à propos. Une autre fois un tailleur avait été mandé pour prendre mesure de quelques vêtements au prince. Pendant que l'ouvrier remplissait cet ordre, Ali demanda une canne pour désigner lui-même la longueur et l'ampleur de son costume. Le tailleur, dont la conscience n'était pas sans reproches, crut qu'un juste châtiment le menaçait : « Seigneur, s'écria-t-il, en se jetant la face contre terre, prenez pitié de moi, ne me faites pas mourir sous le bâton, et je vous rapporterai les étoffes qui appartenaient au prince Yacoub. »

Le gouverneur, profitant du trouble de l'ouvrier, lui ordonna de rendre à l'instant même les objets volés. Le tailleur restitua dix-sept caisses d'étoffes les plus riches et les plus belles qu'on pût voir. A ce prix il obtint sa grâce, et Ali-Buyah se félicita hautement de son rare bonheur.

Je passe encore sous silence les mutations de pouvoir qui eurent lieu depuis la chute d'Amer ; ces faits appartiennent à une histoire plus détaillée que la nôtre.

Histoire des Sultans ou monarques de Ghizné.

Un jeune prince, nommé Munsour, ayant été élevé au gouvernement de Bokharah, Abustakyn, qui s'était opposé à son élection, quitta la Buckarie, et se retira dans la ville de Ghizné, située dans l'Afghanistan, à vingt lieues de Caboul. Là il réunit quelques partisans ; sa petite cour se grossit peu à peu ; il étendit ses domaines et établit enfin une principauté dont Ghizné devint la capitale. Le fils d'Abustakyn lui succéda. A la mort de ce jeune prince, les nobles rassemblés à Ghizné, élevèrent au rang de chef un homme d'origine turque, qui de simple gholam * sous le règne d'Abustakyn avait été promu par sa valeur aux premiers grades militaires. Il était indispensable au salut du petit royaume d'avoir un chef qui imposât par sa valeur personnelle : Subuctagyn, l'ex-gholam, surpassa les plus hautes espérances de ceux qui l'avaient élu. Sous son administration, le pays de Ghizné atteignit une éclatante prospérité. Une fortune aussi extraordinaire ne pouvait pas être expliquée par des moyens naturels, et voici la petite fable qui sert d'appui à l'élévation de Subuctagyn.

N'étant encore que simple cavalier, il avait surpris un faon dans la plaine, et se disposait à l'emporter chez lui.

* Gholam signifie esclave du roi. Les soldats de la garde personnelle des monarques orientaux tiennent à honneur de prendre ce titre.

6.

Une biche courut bientôt sur les pas du chasseur. Elle regardait son petit d'une manière si lamentable que Subuctagyn, attendri à cette vue, rendit la liberté à l'animal, et prit plaisir à suivre de l'œil la fuite rapide des deux heureux qu'il venait de faire. La biche et le faon, bondissant joyeusement, semblaient adresser de loin des regards de reconnaissance à leur bienfaiteur. Le grossier Tartare rentra satisfait de sa bonne action. Il en conserva l'impression jusque dans son sommeil. Le prophète lui apparut en songe, et lui promit un pouvoir souverain en récompense de la pitié qu'il avait montrée à un innocent et faible animal.

A peine affermi dans son pouvoir, Subuctagyn, encouragé par les préceptes de la foi musulmane, voulut porter la guerre chez les infidèles. Caboul et la province de Punjaud firent bientôt partie de ses états. La route de l'Inde lui était ouverte. En vain, le sultan Jypaul, qui régnait sur les contrées septentrionales de ce pays, chercha-t-il à se défendre, les succès de Subuctagyn le forcèrent à demander une capitulation. Il offrait des présents considérables et un tribut annuel aux princes de Ghizné. Mahmoud, le fils de Subuctagyn, cherchait à détourner son père d'entrer en arrangement avec des idolâtres; son caractère bouillant, sa passion pour la guerre s'arrangeaient mal des traités de paix, quelqu'avantageux qu'ils pussent être. Instruit des dispositions du jeune prince, le sultan lui fit dire de prende garde de pousser de braves gens au désespoir : « Mes compatriotes, faisait-il observer, vous paraissent doux et timides ; mais si vous leur ôtez tout espoir d'échapper, ou si vous les poussez aü-delà de ce qu'ils peuvent supporter, vous verrez bientôt changer leur caractère. Ils tueront leurs femmes et leurs enfants, brûleront leurs habitations, détacheront leurs chevaux, et iront au-devant de votre armée avec toute l'énergie d'hommes qui n'ont plus d'autre vœu que la vengeance et la mort. »

Ces paroles, parfaitement d'accord avec les mœurs connues des Indous, confirmèrent Subuctagyn dans l'intention d'accepter les offres de Jypaul. Il laissa des officiers pour recevoir les tributs promis et revint dans ses états.

A peine échappé au danger qu'il avait redouté, Jypaul résolut de secouer le joug. Ses états étaient immenses ; il leva une armée cinq fois plus nombreuse que celle de Subuctagyn et, se croyant sûr de vaincre, il arrêta les émissaires du sultan de Ghizné, et déclara qu'il recommençait les hostilités. Mahmoud ne dissimula pas sa joie de l'emporter en prévoyance sur son père. Justifiés par l'évènement, ses conseils semblaient en effet de la sagesse ; mais la modération de Subuctagyn ne nuisit en rien au succès final. Le sultan paya par une défaite complète et la perte d'une partie de ses états sa téméraire révolte. Les possessions de Ghizné s'augmentèrent encore du beau pays de Paishavour et de la province de Limgham et le royaume s'étendit alors depuis le Khorassan jusqu'au Punjaud. Bientôt après, la province du Khorassan fut concédée à Subuctagyn, par le calife de Bagdad, avec le titre de Nars-u-Dyn, ou vainqueur de la foi. A sa mort, Subuctagyn, qui avait été si puissamment secondé par Mahmoud, son fils aîné, désigna cependant Ismaël, son second fils, pour lui succéder. Le caractère impétueux de Mahmoud n'avait pas aussi bien captivé ses affections que la douce obéissance d'Ismaël. Celui-ci était à Ghizné, lorsque son père mourut. Mahmoud avait été envoyé dans le Khorassan. Pour appuyer son droit douteux, Ismaël prodigua follement les trésors de son père. Mahmoud laissa exprès à son frère le temps d'épuiser ce moyen de séduction; puis il revint et la terreur de son nom suffit pour rallier autour de lui la noblesse et l'armée. Le roi, détrôné par le seul fait de cette désertion, obtint grâce pour sa vie; Mahmoud se contenta de le retenir prisonnier. Tant qu'Ismaël vécut, il fut traité avec humanité et indulgence. En comparant cette punition aux usages habituels des cours orientales, on ne peut s'empêcher de rendre hommage à la modération de Mahmoud.

Le calife qui régnait à Bagdad s'appelait Cawder. Il prodigua au nouveau sultan les distinctions et les marques de confiance, l'honora des titres de très-grand et de protecteur de la foi. Cawder sentait combien il était important pour lui de s'assurer un allié aussi puissant ; Mahmoud s'engagea volontairement à consacrer sa vie et son épée au service de la foi : il tint parole. Des milliers d'hommes furent soumis à la loi du prophète par le pouvoir des armes du sultan de Ghizné.

Mahmoud dans l'Inde.

Avant de quitter ses états pour aller porter la guerre aux idolâtres, Mahmoud contracta une alliance avec le chef de la Tartarie, Ilij-Khan ; son traité fut cimenté par le mariage du sultan avec la fille du roi. Jypaul attira le premier les forces de Mahmoud. Quand il sut que l'armée arrivait dans ses états, le prince indou déclara que, pour rendre les dieux favorables à son peuple, il allait s'offrir comme victime sur leurs autels. Cette résolution prise, Jypaul abandonna le gouvernement à son fils, et il monta sur le bûcher funéraire. Ce noble dévouement, inspiré par des croyances barbares, mais sincères, ne devait pas obtenir le résultat souhaité. Lorsque les flammes commencèrent à l'atteindre, le vieillard éleva ses mains vers le ciel et pria pour le peuple, qui, témoin de son supplice, chantait des hymnes en l'honneur de la royale victime. Mahmoud défit l'armée indienne, s'empara de Moultan, et allait sans doute envahir tout l'Indoustan ; la nouvelle de la trahison d'un de ses alliés suspendit ses

victoires. Ilij-Khan , le roi de Tartarie , profitait de l'absence de Mahmoud pour dévaster le Khorassan ; le vainqueur de l'Inde revint défendre ses propres états , et les
Tartares se hâtèrent de repasser l'Oxus. Craignant de
justes représailles , Ilij-Khan parvint à entraîner dans sa
cause deux alliés puissants ; leur armée , formant une
masse imposante, s'avança près de Bulk ; Mahmoud était
près de les attaquer. La victoire parut un instant douteuse
entre les deux partis ; le sultan de Ghizné fit un appel solennel au courage de ses troupes ; ranimées par l'exemple
de leur chef, elles repoussèrent les agresseurs , et le roi
de Tartarie perdit pour jamais l'envie de se mesurer contre
lui. Un prince de Paishavour , récemment converti au Coran par la puissance du sabre , venait de reprendre le culte
de ses idoles ; Mahmoud le défit et lui imposa une prison
perpétuelle. Les états de l'idolâtre restèrent au vainqueur.

Anupdal, le fils de Jypaul, profita de ces diversions
pour relever une armée formidable par le nombre ; mais
la valeur était du côté des soldats de Mahmoud. Il parcourut bientôt l'Inde en maître, fit briser partout les idoles ,
abattre les temples profanes, s'emparer des trésors accu-
mulés depuis des siècles dans ces temples et dans les palais
des princes soumis. A son retour à Ghizné, Mahmoud
offrit à l'admiration de ses sujets des trônes magnifiquement ornés, faits avec le produit du pillage de mille livres

pesant de vaisselle d'or et d'argent, de quatorze mille livres pesant d'argent monnayé ou en lingots, et de cent quarante livres de fils de perles ou de pierreries.

A une expédition terminée succédait une nouvelle entreprise, et Ghizné revoyait toujours son souverain rentrer dans sa ville capitale, précédé par une foule de captifs et des trésors immenses. Tanasser, le royaume de Cachemire, les provinces qui l'environnent, cédèrent en grande partie à la puissance de Mahmoud, et embrassèrent la religion qu'il imposait. Il prit à l'improviste la ville de Cannouge, s'avança contre Myrut, ville située dans le Duab, entre les rivières de Jumna et du Gange, détruisit Muttra, regardée par les Indous comme une ville sainte. Les idoles furent brisées sur leurs autels; mais Mahmoud, admirateur éclairé des arts, épargna deux temples pour la beauté de leur construction. Dans les lettres qu'il adressa à Ghizné, le sultan décrivit soigneusement lui-même toutes les merveilles de ces édifices, et quand il fut de retour dans ses états, il voulut rivaliser par la magnificence de ses monuments publics et particuliers avec les villes les plus célèbres de l'Inde. Entre tous les édifices on remarqua bientôt une mosquée si belle, si pompeuse dans son architecture et sa décoration, que les poètes lui donnèrent le nom de la Céleste Mariée. Son architecture déliée, légère à l'extérieur, était rehaussée en dedans par un luxe féerique. On n'y voyait que marbres précieux, tapis écla-

tants, candelabres d'or ; les yeux en étaient à la fois charmés et éblouis. Ferdousi, l'auteur de Shah-Nameh *, dont
nous avons presque toujours suivi les récits, vivait à la
cour de Mahmoud ; une foule d'autres poètes, encouragés
par les libéralités du sultan, chantaient les louanges du
monarque. Des scribes habiles copiaient leurs vers en
lettres d'or, sur des parchemins entourés d'arabesques
enluminées. Par ordre du calife de Bagdad, toutes les
mosquées de la Perse retentissaient de ces louanges
lues à haute voix à l'heure des prières. Mahmoud n'avait
pas besoin de ces encouragements pour marcher avec
persévérance dans la même voie. Le temps qu'il passait
dans sa capitale, au milieu des fêtes, était employé à
recruter de nouvelles forces, et après tant de triomphes,
le sultan résolut de s'engager dans une entreprise plus
difficile que toutes celles tentées jusque-là. Il allait marcher sur Guzarate. L'Inde septentrionale était restée fidèle
à ses dieux ; l'idole de Somnauth, révérée entre toutes les
idoles, était l'objet d'un culte plus particulier de la part
des Indous ; grâce à elle ses adorateurs prétendaient
n'être jamais vaincus, et pour mieux rendre hommage à
Somnauth, ils comptaient laisser à sa seule puissance la
défense de la ville que son temple protégeait.

---

* Livre des Rois, et, ainsi que nous l'avons déjà dit, le seul travail historique recueilli sur la Perse après l'invasion des musulmans.

Avant d'arriver jusque-là , Mahmoud avait des déserts à franchir : aucune précaution ne fut négligée pour assurer la subsistance de l'armée. Vingt mille chameaux portaient de l'eau, un même nombre était chargé des vivres ; aussi n'éprouva-t-on aucune perte causée par la privation des choses nécessaires à la vie. L'armée traversa le Moultan , le désert entre Joudpoure et Ajimère , d'où elle se dirigea vers Somnauth. Cette ville , bâtie sur un rocher, est défendue de trois côtés par la mer. Le sultan Mahmoud n'était pas loin de ses murs, lorsqu'un héraut vint lui dire que , s'il ne se retirait pas, le dieu allait détruire les mahométans d'un souffle de sa colère. De semblables menaces firent sourire Mahmoud ; il donna l'ordre à ses troupes de marcher. Les Indous , confiants dans les promesses de leurs prêtres et laissant à l'idole le soin de les protéger, fermèrent les portes de la ville et se réfugièrent dans le temple. Aucune résistance n'arrêtait les assaillants ; ils escaladèrent les murs , et les Indous consternés entendirent bientôt les cris d'Allah-Acbar retentir de tous côtés. Il était temps pour les assiégés de songer à repousser les musulmans par la force, s'ils voulaient échapper au massacre. On dit que, se croyant trahis par leur dieu, les malheureux Indous versaient des larmes abondantes , tandis que leurs cœurs brûlaient de rage. Leur première défense eut un plein succès. Mahmoud fut contraint de lever le siége. Bientôt on vit du haut des murs une troupe qui s'avançait au secours de la ville. Le sultan conduisit ses soldats à sa rencontre ; ceux-ci , fatigués du combat précédent, plièrent sous les coups des nouvelles troupes. Alors Mahmoud , descendant de cheval , déclara que, prêt à être vaincu , il ne lui restait plus qu'à chercher la mort glorieuse des martyrs , et qu'il allait la trouver dans les rangs ennemis. Les paroles dites , il se remet à cheval et se précipite à la charge : les soldats , ranimés par son exemple , le suivirent pour le défendre. Cet élan inattendu accabla les Indous ; ils périrent presque tous dans la mêlée. Du haut de leurs remparts les habitants de Somnauth suivaient avec anxiété les chances de cette lutte. Quand ils virent leurs amis perdus , ils abandonnèrent les murs si vaillamment défendus , et s'enfuirent de tous côtés. Les navires sortaient du port , chargés de familles qui cherchaient à s'expatrier ; mais déjà les musulmans s'étaient emparés de la ville. Ils armèrent des bateaux pour contraindre les fugitifs à rentrer dans le port , et presque tous revinrent se ranger dans le port sous les murs de Somnauth. L'idole sacrée allait tomber sous les coups des soldats, lorsque les prêtres du temple offrirent de la racheter pour plusieurs millions. Les officiers de Mahmoud le prièrent d'écouter ces propositions avantageuses. « Je veux détruire et non pas vendre les idoles, » répondit le sultan. Et il commanda d'abattre à l'instant même la figure de Somnauth. Elle n'avait pas moins de quinze pieds d'élévation : on la trouva remplie d'une quantité de bijoux cachés dans la partie creuse de la statue. Le zèle des prêtres ne parut plus alors qu'une ruse adroite, car ils n'avaient proposé, pour conserver leur idole, qu'une très-petite partie des valeurs qu'elle recélait.

Après cette expédition, une maladie aiguë contraignit le sultan à rentrer dans sa capitale. Il ne vécut pas plus d'un an après la prise de Somnauth. Ferdosi venait de terminer le Shah-Nameh commencé par les ordres de Mahmoud. Les rivaux du poëte persuadèrent au prince de réduire de beaucoup la récompense promise pour ce travail. Ferdosi rejeta avec dédain les présents qui lui furent envoyés, et ajouta à son poëme une satire amère contre le manque de générosité du sultan. Cette vengeance accomplie, l'historien quitta la cour et se retira dans son pays natal. Quand Mahmoud lut le livre de Ferdosi, il sentit qu'il avait commis une injustice, et envoya aussitôt au poëte une somme considérable. Le présent royal rencontra aux portes de Tous le convoi de Ferdosi : sa fille, pressée par le messager de recevoir le don du roi, répondit qu'il ne lui convenait pas de s'enrichir d'un prix refusé au mérite sans égal de son illustre père.

On prétend que, par allusion aux dévastations commises par Mahmoud dans ses guerres, le peuple avait composé une fable dans laquelle le visir du sultan racontait une conversation surprise entre deux hiboux, au sujet du mariage de leurs enfants. La prédilection de ces oiseaux de nuit pour les demeures abandonnées est connue. — Que donnerez-vous en dot à votre fille? demandait le père du fiancé. — Nos possessions s'accroissent tous les jours, répondit le hibou, et dans ce moment je puis, sans trop nuire à ma puissance, céder cent villages ruinés à nos enfants et à leurs descendants. — Je n'en donnerai pas moins, répliquait l'interlocuteur. Les conditions faites, les deux hiboux chantèrent les louanges du monarque qui leur permettait de doter aussi somptueusement leurs enfants; ils lui souhaitèrent longue vie, à lui et à tous les héros de sa race. Cette historiette présente, sous une forme orientale, le tableau d'un règne plus remarquable par la désolation du pays que par sa prospérité.

Après la mort de Mahmoud, son royaume livré à des guerres se démembra successivement; des luttes cruelles, d'horribles représailles eurent lieu entre les princes de Ghour et ceux de Ghizné. Pendant quelque temps les princes de Ghour, dont les états étaient situés au nord du Ghizné, étendirent leur domination sur le royaume de Mahmoud et sur l'Inde entière, pendant le règne d'un prince appelé Mahomet.

Dynastie Seljoucide.

Les Tartares sont divisés en tribus éparses dans la Tartarie, et ne constituent pas un peuple réuni sous une même obéissance. Ils se font la guerre de tribu à tribu, et souvent des divisions dans la famille d'un chef séparent encore une portion des sujets d'un reichs-suffyd *, qui s'en vont, sous la conduite d'un fils ou d'un neveu rebelle à l'autorité du chef de la tribu, planter leurs tentes où bon leur semble. « C'est ainsi que Loth et Abraham se séparèrent, mais d'un commun accord, comme nous le voyons dans la Bible. »

Toute réputation parmi les Tartares est basée sur la valeur d'un homme, et sur son habileté à la guerre. Les succès peuvent l'élever du dernier au premier rang; une défaite replace un roi au-dessous du moindre de ses sujets. Voyageant à l'aventure, les Tartares s'arrêtent où ils trouvent de l'eau et des pâturages; le lait de chameau et la chasse suffisent à leurs besoins. Quand on leur fait la guerre, il ne s'agit pas seulement de prendre leurs villes, puisque la plus grande partie de la population vit errante dans les campagnes; une bataille gagnée n'est encore qu'un avantage passager si le massacre des tribus guerrières n'a pas été complet. Battus sur un point, ils se réorganisent sur un autre, et ne s'arrêtent point à regretter le faible butin qu'on a pu leur enlever. Hors de leur pays, établis par droit de conquête dans des lieux riches et fertiles au

---

* Ce nom, qui signifie barbe grise, est souvent porté par un jeune homme, si le sort l'appelle à commander sa tribu.

sein d'une civilisation qui les entoure d'objets de luxe, les
Tartares perdent, à leur tour, les qualités auxquelles ils
ont dû leurs succès.

Pendant le règne de Mahmoud, la tribu des Seljoucides
vint se fixer près du Khorassan, sous la conduite de Seljouk, son chef; entraînés par l'exemple de ce reichs-suffyd,
tous ses sujets embrassèrent la foi mahométane. Cette
tribu finit par prendre possession du Khorassan, lorsque
les monarques de Ghizné perdirent de leur puissance.
Toghrul, un des successeurs de Seljouk, encouragé par
le peu de pouvoir qui restait au calife Ul-Kaïm, résolut
d'étendre ses conquêtes vers l'Ouest; il s'avança du côté
de l'Irack, soumit cette province, se rendit à Bagdad,
prit cette ville, et devint par là le maître de la personne
du commandeur des croyants : c'était le titre des monarques de Bagdad. Ul-Kaïm reçut le vainqueur en grande
pompe, et le monarque turc s'approcha de lui à pied, et suivi
de tous ses officiers, marchant également à sa suite. Le calife
était assis, dans tout l'appareil religieux, sur un trône séparé
de l'assemblée par un voile noir transparent; le bourda,
ou manteau noir des Abassides était jeté sur son épaule;
il tenait dans sa main droite le bâton de Mahomet. Toghrul
baisa la terre devant le représentant du prophète, et s'assit
sur un trône préparé pour lui auprès du calife. On lui
alors sa commission qui le nommait vice-régent d'Ul-Kaïm,
et lui remettait un pouvoir absolu sur les sept régions

soumises au vicaire de Mahomet. Il fut à cause de cela habillé successivement de sept vêtements magnifiques; on lui donna également sept esclaves. Un voile d'étoffe d'or, parfumé de musc, fut jeté sur sa tête, et on plaça dessus deux couronnes, l'une pour la Perse, l'autre pour l'Arabie; deux épées ceintes autour de ses reins signifiaient qu'il dominait à la fois l'Orient et l'Occident. Cette vaine pompe conservait au calife une apparence d'indépendance, et Toghrul était charmé de pouvoir opposer la volonté d'Ul-Kaïm à ceux qui douteraient de la légitimité de sa conquête. Un mariage eut lieu entre la fille de Toghrul et le calife. Il fut plus difficile d'obtenir du commandeur des croyants qu'il donnât sa fille au vainqueur. Une émeute, suscitée à dessein dans le palais, rappela Ul-Kaïm à des sentiments de prudence; il céda, et ce second mariage se fit avec la plus grande pompe. Toghrul était très-âgé, et il ne survécut pas longtemps à tant d'honneur.

Pendant les guerres auxquelles Toghrul se livra, il laissa le soin de ses états à Daoud-Beg, son frère. Alp-Arselan, dont le nom signifie lion conquérant, était le fils de Daoud-Beg; il succéda à son oncle. Ce jeune prince unissait la bravoure à la générosité; il était ami des sciences et des lettres; les historiens persans le louent encore sur un point où nous ne saurions tomber d'accord avec eux : ses persécutions religieuses s'étendirent jusque sur les chrétiens; il en fit périr un grand nombre en

Georgie et en Arménie. Averti par les succès rapides du conquérant, l'empire de Constantinople commença à craindre une invasion. L'impératrice Eudoxie venait d'épouser Romanus - Diogènes. Ce brave général entra en campagne à la tête des forces de l'empire, et fit reculer les Persans loin des limites du territoire Bysantin. Non content de ce succès, Romanus s'avança en Arménie et dans l'Aderbijan. Il rencontra dans cette province l'armée commandée par Alp - Arselan en personne. Ce prince voulut entrer en négociation; l'exigence des conditions proposées par Diogènes, obligèrent Alp-Arselan à commencer la guerre. Le général, vaincu et trahi par un officier de son armée, fut conduit prisonnier devant le sultan. Les premiers mots que lui adressa le généreux Arselan, exprimèrent la plus vive indignation contre ceux qui avaient vendu ou abandonné un chef aussi brave. Il combla le monarque de preuves de déférence, et avant de se prononcer sur le sort qu'il lui réservait, il demanda à Romanus quel traitement lui serait échu, si lui, Alp-Arselan, s'était trouvé à sa place. — Je t'aurais donné cent coups d'étrivières, répondit l'imprudent captif. Le sultan se mit à sourire et continua ses questions. — Que pensez-vous donc que je vais faire de vous? — Si tu es cruel, dit l'empereur, ma mort est décidée. Si tu aimes la vaine gloire, on me verra, chargé de chaînes, orner ton triomphe en rentrant dans ta capitale. Si tu es généreux, tu me rendras ma liberté. Alp-Arselan ne se montra ni vain ni cruel, il relâcha noblement son prisonnier, et donna des vêtements d'honneur aux officiers qui s'étaient montrés fidèles au malheur de leur chef, et les délivra en même temps que lui. Romanus n'accepta tant de bien-faits qu'en s'engageant à envoyer une forte rançon et à payer un tribut annuel au vainqueur. Mais le trône du monarque romain avait été usurpé en son absence, et il ne put jamais ressaisir le pouvoir. Fidèle à l'engagement pris, il envoya cependant au sultan tout l'argent qu'il put se procurer, et promit d'acquitter le reste par la suite. Alp-Arselan, charmé de cette noble conduite, allait venir au secours de son ancien ennemi, lorsqu'il apprit que Romanus-Diogènes avait été mis à mort par ses propres sujets.

Nous avons dit que les Seljoucides étaient venus de Tar-tarie; Alp-Arselan voulut étendre sa domination sur son pays. Il fit de grands préparatifs de guerre, et, ayant ordonné de jeter un pont sur l'Oxus, il commença avec succès les conquêtes projetées. Cependant ses troupes furent arrêtées devant la petite forteresse de Berzem, dans le Khaurizm, commandée par un chef appelé Yusuph. Irrité contre cet obstacle, Alp-Arselan prit en haine son brave ennemi et, loin de se montrer magna-nime envers lui après la victoire, il le fit venir en sa pré-sence, et l'accabla de paroles dures et menaçantes. Yusuph était resté aussi ferme dans le malheur que lorsqu'il résistait avec succès aux armes du conquérant. Outragé par les expressions du sultan, il tira son poignard pour se venger; les gardes allaient se précipiter sur lui; Alp-Arselan, le plus habile de tous les archers de son royaume, leur fit signe de lui laisser le soin de sa conservation; mais le hasard le servit mal cette fois; la flèche ayant manqué son but, l'assassin eut le temps d'accomplir sa vengeance. Au moment où le sultan tombait frappé d'un coup mortel, le sang d'Yusuph coulait par mille blessures ouvertes en un instant sur lui. Alp-Arselan, transporté dans sa tente, annonça qu'il se sentait mourir. « Je péris par ma faute, dit-il; ma fin apprendra aux hommes combien est faible le pouvoir des rois, lorsqu'ils veulent lutter contre les arrêts du destin. » Le sage et pieux Nizam-ul-Mulk, visir du sultan, pleurait sur la perte de son maître. Arselan lui adressa des remercîments pour les bons offices qu'il lui avait rendus, et le pria de guider son fils comme il l'avait fait à son égard. Malik-Shah s'empressa de promettre à son père qu'il respecterait le guide que sa volonté lui laissait. Le roi fut enterré à Merw dans le Khorassan, et l'on grava cette inscription sur sa tombe : « Vous qui avez vu la gloire d'Alp-Arselan élevée jusqu'aux cieux, venez à Merw, vous le retrouverez enseveli dans la poussière! »

Le règne de Malik-Shah ne démentit pas la gloire du

règne précédent. A la mort du calife de Bagdad Ul-Kaïm, on attendit la décision de Malik-Shah pour nommer un successeur *au commandeur des croyants.* Ce titre était toujours donné aux califes, mais ils avaient perdu leur puissance. Le fils de Nizam-ul-Mulk partit pour Bagdad, avec l'ordre d'élever Mochtadji sur le trône.

Un frère de Malik-Shah fit valoir des prétentions au trône, et réussit à rassembler quelques troupes contre le sultan. Un moment avant de livrer bataille aux révoltés, Malik-Shah et son visir entrèrent dans une mosquée pour implorer la protection divine. « Quel a été le sujet de votre prière? demanda le sultan à son ministre, en sortant de l'édifice sacré. — J'ai supplié Dieu de vous donner la victoire sur votre frère, dit Nizam-ul-Mulk. — Et moi, reprit le prince, j'ai seulement souhaité que Dieu daignât choisir le plus digne de nous deux pour régner sur les fidèles. » Malik-Shah sortit vainqueur de cette bataille, où son adversaire Toustouch mourut les armes à la main.

CHAPITRE X.

Une Intrigue de Cour.

Le sage visir avait pour ennemie, à la cour de son maître, la sultane Khatioune-Tourkan *, qui prétendait élever son fils au rang d'héritier du trône, tandis que la justice de Nizam-ul-Mulk lui faisait un devoir de défendre les droits du prince Burkyaruk, l'aîné des fils du roi. Toutes les ruses de Khatioune-Tourkan étaient déjouées par le visir. Husscin-Subah, dont nous allons bientôt nous occuper particulièrement, s'engagea à servir la cause de la sultane. Tant de perfides insinuations furent employées contre Nizam-ul-Mulk, que la confiance du sultan succomba sous leurs efforts réitérés. Déjà circonvenu par la

* Nom qui signifie la dame turque.

Avant de commencer une bataille, Tamerlan s'adressa
ainsi à ses troupes.

sultane, Malik-Shah recommanda au visir de placer un homme qu'il lui désigna auprès de la personne d'un de ses fils. Le visir prit des informations sur le protégé royal et, ne le jugeant pas digne de la place demandée, il ne la lui donna pas, et n'en reparla plus au sultan. La conduite de Nizam-ul-Mulk était habilement espionnée, et ses ennemis se firent un plaisir de rapporter au roi qu'il n'était pas obéi. On lui rappela en même temps que les douze fils du visir occupaient les premières charges de l'état, et que c'était sans doute pour quelque autre membre de cette nombreuse famille qu'avait été réservé l'emploi vainement sollicité par le sultan. Malik-Shah, irrité, ordonna à l'instant même que son protégé remplaçât dans son poste le fils aîné du visir. A cette nouvelle, le vieillard outragé laissa échapper des paroles d'indignation ; ses ennemis les recueillirent et les rendirent au prince, en les altérant de leur mieux pour exciter la colère du maître. Ces soins eurent un plein succès : le sultan envoya demander au visir sa démission du bonnet et de l'écritoire , insignes de ses hautes fonctions.

« Il est en effet à propos que je céde ma charge, dit le vieillard, à présent que j'ai établi la paix sur les vastes états de mon maître. Son nom est respecté par toute la terre ; il peut aller de la Chine aux bords de la Méditerranée, sans cesser de voir ses sujets ou ses tributaires. Les villes de Jérusalem, de la Mecque, de Médine, de

Bagdad, d'Ispahan, de Bokharah, de Samarcande, d'Ourgunje et de Kashgar, prient chaque jour pour lui dans leurs saintes mosquées; j'ai accompli ma part d'une si haute tâche, et j'en reçois le juste salaire. Mais, que le sultan ne l'oublie pas, Dieu récompense les princes selon qu'ils reconnaissent eux-mêmes les œuvres de leurs sujets. »

Pour prévenir un retour du roi vers le ministre disgracié, Hussein-Subah chargea un de ses affidés de l'assassiner. Malik-Shah mourut dans la même année que son visir. Des révolutions successives firent monter tour à tour sur le trône les quatre fils du sultan. D'abord le jeune Mahmoud, secondé par sa mère, porta le titre de roi à l'âge de quatre ans; Burkyaruk, l'aîné des fils de Malik-Shah, soutenu par le fils de Nizam-ul-Mulk, succéda à cet enfant, qui survécut peu de mois à son élévation au trône. Quand Burkyaruk mourut, ses enfants furent écartés du pouvoir par Sanjar, fils de Malik-Shah, leur oncle, et qui régnait dans le Khorassan. La réunion de ses états à ceux de son frère le rendait un des princes les plus puissants de la Perse; mais, s'étant engagé dans une guerre imprudente contre les Tartares, il fut fait prisonnier, et périt après une longue captivité. A cette époque, les généraux de l'armée se divisèrent. La tribu seljoucide se démembra sous la conduite de plusieurs chefs; les dynasties établies à Icône et à Alep s'engagèrent dans des guerres contre les armées européennes alors occupées des croisades.

Le célèbre Sullah-u-Dyn (Saladin), jeune aventurier sorti des montagnes du Kurdistan, et simple commandant de fort, vint aider le waly d'Egypte à soutenir la guerre contre les infidèles de l'Europe *. A la mort de son allié, Sullah-u-Dyn s'empara du gouvernement, et bientôt toute la Syrie se soumit à son autorité. Ce prince s'acquit un grand nom, même parmi les chrétiens. Ses hautes qualités, sa bravoure et ses talents politiques furent également loués par les Orientaux et par les armées européennes.

Après la chute de la dynastie seljoucide, la Perse resta, pendant l'espace d'un siècle, livrée à des divisions suscitées entre les petits princes qui, sous le nom d'attabeg **, se partagèrent le royaume. Nous ne parcourrons cette période que pour recueillir des récits curieux, à propos de quelques-unes de ces royautés éphémères.

Un des plus distingués de ces attabegs fut Illij-Guz, esclave turc, qui faisait partie de quarante esclaves qu'un marchand avait achetés pour les vendre à Massoud, un des derniers rois seljoucides. Le visir en prit trente-neuf pour le service de son maître; quant à Illij-Guz, il le rejeta, parce qu'il avait trop mauvaise mine. Comme on

---

* On désignait ainsi sous ce nom les croisés chrétiens.

** *Atta* veut dire maître ou tuteur. — *beg* signifie seigneur.

emmenait ce pauvre homme, il s'écria : « O visir ! si vous avez acheté trente-neuf esclaves pour l'amour du roi, achetez-moi pour l'amour de Dieu. » En effet, Illij allait rester malheureux et méprisé entre les mains du marchand, à cause de son extérieur disgracieux. Le visir, intéressé par la singularité de cette prière, revint sur ses pas et comprit l'esclave dans le marché.

Au premier emploi qu'on lui donna, Illij put voir le peu de cas qu'on faisait de lui. On le plaça comme marmiton dans les cuisines du roi ; sa diligence et son exactitude à remplir ses devoirs lui méritèrent de l'avancement. Il ne quittait un poste que pour remplir celui qui lui était supérieur, si bien que, peu d'années après, il se trouvait intendant de la maison du roi. Une fois là, il déclara une guerre impitoyable à tous les abus et les vols dont il avait été le témoin silencieux, en parcourant ses différents grades. Les réformes qu'il introduisit augmentèrent encore sa faveur auprès de Massoud : d'intendant, Illij devint attabeg et gouverneur des enfants de son maître, puis il épousa la veuve d'un sultan, et fut fait premier visir. Son pouvoir se maintint non-seulement jusqu'à sa mort, mais il laissa encore sa charge à son fils.

La tribu du Laristan donna un jour une fête où se trouvèrent appelés un grand nombre de jeunes Syriens, nouvellement arrivés en Perse, sous la conduite d'un de leurs chefs. L'intendant ayant, par mégarde, porté le premier plat à un Syrien nommé Abul-Hussein, celui-ci, frappé de cet incident, prétendit en tirer le présage d'une élévation prochaine. Cette vanité blessa les possesseurs du Laristan, et le lendemain une querelle s'engagea, dans les montagnes, entre des hommes des deux partis ; Aly, le fils d'Abul-Hussein, fut laissé pour mort sur le lieu de la querelle. Son chien, qui se trouvait attaché au moment du combat, n'avait pas pu défendre son maître; mais, parvenu à se dégager de ses liens, il courut en toute hâte aux tentes de la famille. En voyant le fidèle animal arriver seul, on supposa quelque malheur. Ses hurlements et les regards que le chien portait vers la montagne, en allant de ce côté et revenant près des tentes, jusqu'à ce que quelqu'un le suivît, augmentèrent les soupçons. Des hommes armés se mirent en marche. Aly respirait encore quand ses parents et ses serviteurs le retrouvèrent. Avant d'expirer, il raconta ce qui s'était passé. La tribu des Syriens et celle du Laristan devinrent ennemies irréconciliables. La famille d'Aly se retira dans le Fars, et son fils Abou-Taber acquit une haute réputation comme guerrier dans cette province. Les prévisions d'Abul-Hussein pour l'élévation de sa famille commencèrent à se réaliser. Abou-Taber ayant contribué d'une manière puissante au gain d'une bataille, le gouverneur du Fars le fit appeler devant lui, et donna carrière à son ambition, en l'encourageant à demander ce qu'il voulait. « Donnez-moi, dit le jeune homme, un cheval qui me porte fièrement au-devant de vos ennemis.

— Demande encore, dit le gouverneur.

— Si mon désir ne vous paraît pas déplacé, créez-moi attabeg.

— Demande encore, fut la réponse.

— En ce cas, confiez-moi le commandement d'une partie de vos troupes, et je réduirai sous votre autorité les tribus du Laristan. » En sortant de cet entretien, Abou-Taber s'en alla le front haut et le cœur plein de résolution annoncer sa subite faveur à son grand-père. Abul-Hussein ne s'étonna de rien; le souffrachés *, en le servant le premier à la fête du Laristan, avait prédit cette éclatante fortune.

Le Chef de la Montagne.

Le même Hussein-Subah qui avait fait assassiner Nizam-ul-Mulk, ayant bientôt perdu lui-même toute influence à la cour, se retira sur la montagne d'Allahamout, dans le Khorassan, près de Kazvyn. Sa famille et quelques fédavys ou fidèles l'y suivirent. Hussein-Subah professait les principes de la secte ismaélienne; il en avait fait adopter les dogmes à ses adeptes, et la première loi de cette croyance était une foi et une obéissance absolues

---

* *Souffrachés* signifie littéralement celui qui étend la nappe pour le festin.

aux ordres du chef. Pour séduire ses adeptes, *Sheik-ul-Jubal* * s'emparait de toutes les idées superstitieuses répandues en Perse, et les interprétait dans un sens favorable à ses vues. Il avait amassé en secret d'immenses richesses, avant de se retirer de la cour ; cependant sa vie habituelle, au milieu de sa famille et de ses fédavys, était dure, austère, et ne semblait tendre qu'à la possession des biens promis au-delà de ce monde. C'était uniquement aussi vers ces récompenses qu'il dirigeait les vœux des ismaéliens. Souvent, pour fortifier leur foi, il promettait à l'un d'eux, de la part du prophète, la révélation des biens célestes, et donnait au soldat une forte dose d'opium ; on le transportait endormi dans un palais merveilleux, la propriété cachée d'Hussein-Subah. Le sommeil avait surpris le grossier soldat dans un lieu sauvage, au milieu de la plus rude existence : il s'éveillait dans un palais éblouissant Autour de lui resplendissaient l'or et les pierreries ; une foule d'esclaves magnifiquement parés attendaient ses ordres. Les sons des instruments accompagnaient les danses des jeunes Indiennes captives en ce lieu. Les parfums d'un jardin rempli de fleurs et de fruits invitaient encore le favori du prophète à se promener sous

---

* La traduction fidèle de Sheik-ul-Jubal est chef de la montagne, et non pas, le Vieux de la Montagne, ainsi que le disent les historiens occidentaux.

les ombrages rafraîchis par des bassins de marbre , d'où s'échappaient mille jets d'eau. Promptement dépouillé de ses habits , le soldat avait à choisir entre des costumes si riches , que le moindre d'entre eux aurait fait honneur à un sultan ; des mets exquis , servis dans des vases d'or et d'argent, des vins de tous les pays étaient apportés devant lui. Plusieurs jours se passaient dans cet enivrement ; puis tout-à-coup l'opium appesantissait de nouveau les sens du soldat , et son second réveil le retrouvait dans la montagne aride , et prêt à mériter par la mort l'éternelle possession des biens qu'il croyait avoir rêvés. Sûrs de la faveur du prophète, ces hommes ignorants se dévouaient à tous les ordres d'Hussein-Subah. A son moindre signe, ils portaient le fer, le feu, le poison , où le chef de la montagne avait une injure à venger, un ennemi puissant à abattre. Le mystère enveloppait toute exécution ; le condamné était frappé au milieu de siens, dans son palais ou dans sa tente , et jamais une délation ne révélait le coupable ; car non-seulement les fédavys habitaient auprès de leur chef , mais, lorsque l'intérêt commun l'exigeait , ils se mêlaient au reste des hommes, acceptaient auprès d'eux les moindres emplois, affectaient tous les déguisements et n'avaient jamais l'air de se connaître les uns les autres , dès qu'ils avaient franchi les murs de la forteresse d'Allahamout ; enfin , le chef de la montagne étendait sa puissance, multipliait ses coups sans qu'on pût saisir nulle part le moindre indice des moyens qu'il avait à sa disposition.

Un peu avant sa mort, Malik-Shah envoya un message à Hussein-Subah pour traiter avec lui et lui adresser des menaces s'il ne cessait pas de répandre la terreur dans le royaume. Pour toute réponse, Hussein commanda à un de ses fédavys de se poignarder, à un autre de se jeter au fond d'un précipice; à peine prononcés, ses ordres furent exécutés. « Voilà, reprit tranquillement le chef, quels sont les hommes que je puis opposer à mes ennemis. » Deux de ses fils s'étant un peu relâchés de la sobriété commandée par la règle, Hussein les fit mettre à mort. Plus tard, ayant eu un siége à soutenir, il envoya sa femme et ses deux filles chez un de ses affidés, avec l'ordre de ne consacrer à leur dépense journalière que la somme qu'elles pourraient gagner en filant. A la montagne Allahamout, premier siége de son royaume, Hussein ajouta la possession de Boudbar, également située près de Kazvyn; son association s'en affilia d'autres semblables. Le crime régna partout impunément, et pendant la croisade du XIIe siècle, plusieurs princes et hauts chevaliers tombèrent sous les coups des assassins *. Le successeur d'Hussein, appelé Keah, déjà dépositaire d'un

---

* Assassin est un mot dérivé du persan; l'origine de son introduction dans les langues européennes date de ce temps-là.

pouvoir considérable, l'augmenta encore. Il put soutenir une guerre contre Mahomet-Seljoucide, et les troupes envoyées pour réduire le chef de la montagne capitulèrent devant la forteresse. Boudbar-Keah envoya un messager à Ispahan pour traiter avec le sultan : on le reçut avec distinction à la cour ; mais le peuple, irrité de voir le représentant du chef des assassins dans la capitale de la Perse, se porta en foule dans la maison où il était logé et le mit en pièces. Le sheik exigea une prompte vengeance ; le sultan ne savait sur qui la faire tomber. Impatient des délais qu'on apportait à le satisfaire, Keah envoya une troupe déguisée fondre à l'improviste sur la ville ; un magistrat et quatre cents habitants d'Ispahan périrent de la main des fédavys. La guerre recommença ; elle accrut de beaucoup le pouvoir du sheik, Keah s'étant emparé de tout le pays de Ghilan, dont il prit et tua le gouverneur. Sous le sheik Mahomet, le pouvoir funeste de l'association s'étendit encore plus loin ; un calife fut poignardé à Bagdad. Le sultan Sanjar était prêt à porter la guerre à ses redoutables voisins, lorsqu'un matin, en s'éveillant dans sa tente, il vit un poignard enfoncé jusqu'à la garde dans la terre auprès de son lit. Un papier était attaché au manche de l'instrument meurtrier ; le prince s'empressa de le lire. « Sultan Sanjar, prends garde, disait l'avis mystérieux : la main qui a enfoncé ce poignard dans la terre durcie aurait pu bien plus facilement pénétrer jusqu'à ton cœur. Renonce à tes projets hostiles. » Un conseil ainsi donné ne pouvait pas être méprisé. La guerre n'eut pas lieu.

Un docteur, nommé Fakhr-Rasy, passait pour être un des prosélytes de la secte ismaélienne ; il jugea à propos de détruire cette opinion, en parlant hautement en chaire contre l'association sacrilége. A peine rentré chez lui , il vit entrer dans sa chambre un homme dont il avait remarqué l'attention toute particulière pendant qu'il professait. Avant de parler au docteur, le messager le prit par la barbe et lui plaça un poignard sur la poitrine.

« Pourquoi en voulez-vous à ma vie? demanda le savant effrayé.

— Vous avez insulté la secte d'Ismaël.

— J'ai eu tort ; je m'en repens. Croyez que, si vous me laissez libre, il ne m'arrivera plus rien de pareil.

— Jurez-en par le saint prophète. »

Le docteur prononça le serment demandé.

« Très-bien , dit l'homme ; mais croyez que, si je n'avais pas reçu l'ordre de vous épargner, mon poignard serait déjà rougi du sang de votre cœur. Voici, continua-t-il, trois cent soixante mohurs d'or que le sheik vous envoie ; si vous observez fidèlement le respect qu'on lui doit, vous recevrez pareille somme chaque année. En cas d'imprudence, vous êtes averti du châtiment qui vous atteindrait. » Le docteur prit l'argent et devint très-circonspect dans son langage : il ne parla plus de la secte d'Ismaël , et quand ses élèves cherchaient à le ramener sur ce sujet, Fakhr-Rasy, promenant ses regards sur ses habits somptueux ou sur les objets de luxe qui accusaient un heureux changement dans sa position , répondait que le sheik Sallah-u-Dyn était un prince rempli de justice et de discernement.

Quelques années après, les sectaires ismaéliens, voulant distraire un de leurs jeunes princes , tombé dans un état de mélancolie , firent prier Nasser-u-Dyn , le plus célèbre philosophe de son temps, de venir à la cour d'Allahamout. Nasser-u-Dyn habitait Bokharah ; il y vivait honorablement au milieu des siens , et ne se sentait aucune inclination pour les chefs de la redoutable tribu. Il refusa l'honneur qui lui était proposé ; le philosophe oublia même bientôt cette négociation. Un jour qu'il se promenait dans ses jardins, près de Bokharah, des hommes l'environnèrent tout-à-coup, et le prièrent de monter sur un cheval qu'ils lui offraient. La résistance était inutile , et Nasser-u-Dyn était à moitié chemin du Kohistan *, avant que ses amis eussent appris sa disparition. On le reçut avec de grands honneurs à la cour barbare ; le visir du prince malade lui fit de profondes excuses sur la manière dont on

* Kohistan signifie montueux. C'est le nom qu'on donne au pays situé au milieu des chaînes qui s'étendent au nord-est de Kazvyn.

l'avait amené dans la montagne ; mais Nasser comprit que, malgré ces procédés apparents, sa captivité n'aurait pas d'autre terme que celle de la volonté de ces maîtres ; et, en effet, il resta prisonnier jusqu'à la chute de la puissance des ismaéliens. Hulakou-Khan, fils de Chenghiz-Khan, dont nous allons parcourir l'histoire, détruisit ce repaire de brigands, et s'il ne parvint pas à anéantir l'association, du moins lui ôta-t-il pour jamais le funeste pouvoir dont elle avait si cruellement usé.

Chenghiz-Khan (Gengis-Khan),

Chef de la tribu des Mogols, entre en Perse.   Ses conquêtes.

UN chef tartare s'éleva par sa bravoure à une haute fortune parmi les siens. Plusieurs khans ou rois de Tartarie se réunirent sous sa domination, et le proclamèrent empereur. Ce chef appartenait à la tribu des Mogols, et s'appelait Tumugin ; à la célébration de son couronnement, il prit le nom de Chenghiz, et s'engagea à combler de gloire et d'honneurs ceux qui se proclameraient volontairement ses sujets. Jamais parole royale ne fut mieux remplie. Le nouveau monarque chercha d'abord à rétablir, par des lois sages, la paix parmi les Tartares, où des sujets d'inimitié suscitaient des vengeances de génération en génération, jusqu'à l'extinction d'une famille. Il fut statué qu'un mariage contracté entre deux partis

ennemis lavait toute injure reçue, et même des cérémonies d'unions fictives entre des jeunes gens morts devaient également apaiser les ressentiments les plus vifs ;
grâce à cet ingénieux moyen, le sang tartare coula plus
rarement sous la main d'un compatriote. Lorsque la guerre
n'appelait pas les soldats hors de leur pays, des chasses
étaient organisées par Chenghiz, qui les présidait en personne. Il appelait toute l'armée à le suivre dans ces expéditions. On disposait les soldats en un carré qui enveloppait toutes les issues d'une vaste étendue de pays ; les
plaines et les bois cernés de tous côtés, le gibier se rapprochait vers un même centre ; alors l'armée avançait,
sans cesser de fermer ses lignes ; continuellement les
rangs se doublaient à mesure que les soldats approchaient
du point précis de la chasse. Là, le gibier, étroitement
resserré, tombait par milliers sous les coups des Tartares.
Quand les produits de la chasse dépassaient leurs besoins,
le roi donnait l'ordre d'ouvrir des passages dans les rangs;
le gibier haletant se précipitait encore tout effaré par ces
issues, et disparaissait bientôt de tous côtés pour re-
gagner de nouvelles retraites, où sa sécurité ne tardait
pas à être troublée de nouveau.

Endurcis par ces exercices, répétés en toute saison,
les troupes de Chenghiz-Khan ne demandaient qu'à seconder les plans de conquêtes qu'il avait annoncés. Leurs
premiers efforts furent dirigés contre la Tartarie, que

Chenghiz-Khan voulait posséder entièrement. Il y parvint en très-peu de temps. Deux campagnes lui suffirent pour s'emparer de toute la Chine ou Khatai. Allah-u-Dyn, le dernier successeur d'Hussein-Subah, soutint contre le conquérant une guerre qui anéantit le pouvoir des chefs de la montagne. Hulakou, un des fils de Chenghiz, dirigeait cette entreprise. D'abord, les Persans se réjouirent de voir tomber leurs ennemis, et la délivrance du philosophe et astrologue Nasser-u-Dyn les combla de joie ; mais les Tartares usèrent si rudement de la victoire, que la terreur se mit dans toutes les classes des Persans ; et ce ne fut pas sans motif ; car l'irrésistible puissance de Chenghiz s'étendait sur tout le royaume. Il tuait, pillait ou brûlait les lieux où il avait trouvé quelque résistance. L'invasion des musulmans, si fatale à la Perse, n'avait pas causé la moitié du mal que firent les Tartares. La persécution pesa cette fois sur les enfants du prophète, et atteignit tous les objets de leur culte. La Perse entière tomba au pouvoir de Chenghiz. Ses comquêtes le rendirent maître du pays situé depuis l'Indus jusqu'à la mer Noire, des bords du Volga jusqu'aux plaines de la Chine, et des rives brûlantes du golfe Persique jusqu'aux déserts glacés de la Sibérie. Les fils de Chenghiz, dont Hulakou se rendit le plus célèbre, se partagèrent ses états à sa mort.

Consulté par l'astrologue Nasser-u-Dyn, qui prédit au fils de Chenghiz que la famille d'Abbas tomberait devant

celle du chef mogol, Hulakou, prêt à se diriger sur Cons
tantinople, porta ses vues sur Bagdad. Il y entra en maître,
fit périr le calife Mustasim ; puis, s'étant emparé de la
Mésopotamie et de la Syrie, il hérita de toute la puissance
des successeurs du prophète.

Nasser-u-Dyn continua à jouir d'un grand crédit auprès
d'Hulakou ; il le suivit à Maragha, dans l'Aderbijan, où
le fils de Chenghiz établit sa cour pendant les dernières
années de son règne. En succédant à son père, Abaka-
Khan chercha à réparer les dévastations de la conquête. Il
épousa la fille de Michel Paléologue, empereur de Constantinople. On croit qu'il avait du penchant pour le
christianisme ; mais il n'a jamais fait une profession de
foi publique de cette religion. Le frère d'Abaka-Khan, qui
lui succéda, exerça au contraire une rude persécution
contre le culte protégé par le gendre de Michel. On vit les
successeurs de Chenghiz se déclarer alternativement pour
Mahomet ou pour le Christ, et mahométans et chrétiens
souffrirent tour à tour pour la défense de leur foi.
Chenghiz-Khan, qui d'abord s'était mis en relation avec
le pape Boniface VIII, et qui avait donné de grands encouragements à une nouvelle croisade, apostasia tout-à-
coup, et entraîna cent mille de ses compatriotes dans
la religion musulmane. Le motif de Chenghiz-Khan avait
été de s'assurer la couronne par la profession ouverte de
la religion nationale : cette mesure lui réussit, et il ra-

cheta , du mieux qu'il put , son abjuration en protégeant les chrétiens en Syrie et dans ses états. Pendant les différents règnes que nous venons de citer, et quelques autres qui les suivirent, les Tartares recommencèrent plusieurs invasions en Perse ; car ce pays, livré à des mutations perpétuelles de souverains , ne reconnaissait plus l'autorité des successeurs de Chenghiz.

Timour-Lung , ou Tamerlan , s'empare de la Perse.

Près d'un siècle après l'élection de Chenghiz-Khan, Timour-Lung, nom qui signifie le boiteux , fit une invasion en Perse. Rien n'est plus étrange que le sort de ce royaume si grand , si puissant , sous la domination d'un prince vaillant , et subitement envahi , vaincu ou démembré , quand le trône est occupé par un prince faible. Telle a toujours été la destinée de la Perse. Les Arabes avaient détruit la royauté nationale ; Chenghiz-Khan et son fils anéantirent le pouvoir des califes ; maintenant les conquérants mogols, amollis dans les douceurs de l'abondance et du luxe , vont tomber sous la domination d'une nouvelle armée tartare, s'élevant toute pleine de sa force sauvage et venant fondre sur la proie constamment enviée. Timour était né à Kesch , entre Bokharah et Samarcande, dans la Transoxiane. La tribu dont il était le chef portait le nom de Borlans. Son pays avait été soumis par Toghluk-

Khan ; mais, après quelques années d'une obéissance apparente, Timour se révolta contre ceux qui lui enlevaient l'exercice de ses droits comme chef. Il soutint une guerre perpétuelle avec une armée composée d'une centaine de personnes, et souvent moins. L'adversité, le dénuement n'affaiblissaient pas le courage du chef du Borlans ; sa cause lui paraissait juste, et Timour comptait sur la protection divine pour l'aider à secouer le joug de son puissant oppresseur.

La mort de Toghluk-Khan grossit le parti de Timour. Les principaux membres de sa tribu vinrent le rejoindre, et voici comment il raconte lui-même une des journées qu'il met au nombre des plus heureux moments de son aventureuse carrière : « J'étais seul dans une plaine ; je venais de finir ma prière, lorsqu'il me sembla voir apparaître de loin une file de cavaliers qui se dessinait sur la crête de la montagne. Je montai à cheval et je les rejoignis bientôt, pour tâcher de reconnaître quels gens c'étaient, et quel motif les amenait en ce lieu. « Guerriers, leur dis-je « en les abordant, qui êtes-vous ? » Ils me répondirent : « Nous sommes des serviteurs de l'émir Timour ; vous nous « voyez employés, sans succès, à sa recherche. » Et je leur dis : « Moi aussi, j'appartiens à l'émir Timour ; voulez- « vous que je vous guide vers lui ? » L'un d'eux mit à l'instant son cheval au galop, et alla porter cette nouvelle aux chefs, en disant : « Nous avons trouvé un guide qui se

« charge de nous conduire à l'émir Timour. » Les chefs retinrent les rênes de leurs chevaux, et donnèrent l'ordre que je parusse devant eux. Il y avait trois troupes; le chef de la première était Toghluk-Khajah-Borlans; celui de la seconde était l'émir Seif-u-Dyn, et celui de la troisième, Tobuk-Behauder. Lorsque leurs yeux tombèrent sur moi, je les vis, ravis de joie, descendre de cheval, se mettre à genoux pour baiser mon étrier. Je mis pied à terre, et je les serrai tous dans mes bras. Puis, ôtant mon turban, je le plaçai sur la tête de Toghluk-Khajah; ma ceinture, qui était enrichie de pierres précieuses et travaillée en or, je l'attachai aux reins de l'émir Seif-u-Dyn, et je revêtis de mon manteau Tobuk-Behauder. Ils pleuraient de joie, je pleurais aussi; lorsque l'heure de la prière fut arrivée, nous priâmes ensemble, et, remontant à cheval, je les conduisis à ma demeure, où, rassemblant tout mon monde, nous fîmes une fête *. »

Contraint par la nécessité, Timour avait contracté une alliance défensive avec l'émir Hussein, dont les intérêts étaient communs avec les siens. Tous deux voulaient chasser les ennemis de leur pays; Timour, brave, désintéressé, loyal, ne trouvait aucune sympathie pour ses nobles qualités dans son frère d'armes. Les bonnes actions de l'un servaient souvent de prétexte aux vexations de l'autre.

* Tiré des Instituts de Timour.

Pour venir au secours de quelques-uns des principaux habitants de Kesch, Timour leur avait abandonné tous les bijoux de sa femme, qui était sœur d'Hussein ; l'allié de Timour imposa des amendes exorbitantes à ces mêmes personnes pour les forcer à remettre les valeurs distribuées par Timour. Une telle disparité de sentiments ne permettait pas une longue union entre les deux chefs, et bientôt on les vit en guerre l'un contre l'autre. Hussein l'emporta d'abord sur son rival ; mais Timour, autant par son adresse que par sa bravoure, surprit Hussein dans une position imprenable en apparence, ayant, lui, sept fois moins de troupes que le puissant Hussein. Cette circonstance éleva très-haut la réputation militaire de Timour-Lung. Il savait électriser ses soldats par son exemple et par ses paroles. Un jour, avant de commencer une bataille, il s'adressa ainsi à ses troupes :

« Ce jour-ci, braves soldats, leur dit-il, est un jour de fête pour les guerriers ; pour les héros, la salle de danse est un champ de bataille. Les cris de guerre et le son des trompettes sont leurs chants et leur musique, et le vin qu'ils boivent est le sang de leurs ennemis. »

Battu à plusieurs reprises, l'émir Hussein demanda enfin à capituler ; il obtint la paix à la condition de résigner son pouvoir, et d'aller vivre dans la solitude. On accusa Timour d'avoir fait tuer son ennemi après la ratification de ce traité.

Élevé sur le trône de la Transoxiane, Timour employa onze ans à régler les affaires de son propre royaume, à conquérir Khasgar et Khaurizm ; puis, il recommença une guerre de dévastation et de conquêtes que rien ne semble avoir arrêtée. Il envahit le Khorassan, leva des contributions ruineuses sur ses habitants, auxquels il accorda la vie. Aondahar, Caboul se soumettent à son épée ; le Seistan, le Mazendran lui appartiennent ; mais tous ces pays restent déserts et ruinés quand Timour les a parcourus en maître.

Shah-Shujah gouvernait le Fars ; sa domination s'étendait sur la ville d'Ispahan et sur une partie de l'Irak. En mourant, il recommanda son fils Zeïn-ul-Abdyn à Timour. Le jeune prince fut appelé à la cour du monarque mogol. Au lieu d'obéir, le fils de Shah-Shujah arrêta le porteur de cet ordre. Un moindre prétexte suffisait pour exciter la colère de Timour ; il marche sur Ispahan, et la ville se rend aussitôt que l'armée paraît sous ses murs. Pendant qu'on stipulait les articles de la capitulation, un jeune forgeron s'amusa, vers le soir, à battre d'un petit tambour. Des semences de rébellion fomentaient déjà entre les citoyens ; ils prennent ce bruit pour un signal d'alarme : on se rassemble, et, tout en parlant du malheur qui les accable, l'idée leur vient de tomber à l'improviste sur les troupes ennemies. Trois mille Tartares en quartier dans la ville furent à l'instant désarmés et tués par les conjurés.

Ce carnage achevé, le courage des assiégés faillit ; ils fermèrent les portes d'Ispahan, sans oser aller vers le camp ennemi. Timour apprit bientôt ce qui était arrivé. Les habitants effrayés attendaient en tremblant les effets de sa colère ; ces effets allèrent aussi loin que leurs craintes. L'assaut donné, les murs ouvrirent de larges brèches au meurtre, au pillage et à l'incendie. Chaque soldat était tenu d'apporter un certain nombre de têtes, et quand on en eut réuni soixante-dix mille, Timour ordonna qu'elles servissent à élever une pyramide placée en face de la principale entrée d'Ispahan. Les états de Shah-Shujah passèrent en entier au pouvoir de Timour. Il restait encore une faible coalition de fédavys, débris de la secte ismaélienne ; le prince mogol les anéantit. Souvent Timour perdait ses conquêtes récentes pendant qu'il poursuivait de nouveaux succès ; alors il ramenait son armée par les chemins déjà parcourus, et châtiait cruellement le peuple qui avait cherché à secouer le joug. Il conquit ainsi deux fois la Perse et fit plusieurs invasions en Chine. L'Asie-Mineure, le Kurdistan, la Géorgie lui furent soumis. Il s'avança jusqu'à Moscou, qu'il prit et pilla. Après cette expédition, il pénétra dans l'Inde, s'empara de Delhi, et partout ses victoires continuaient à laisser d'horribles traces. Cependant les historiens contemporains de Timour louaient ses vertus héroïques et sa générosité ; lui-même a laissé un livre intitulé

Instituts de Timour, et l'habileté du guerrier n'y ressort pas moins que sa sagesse.

1402. — L'empire de Constantinople s'écroulait de toutes parts. Une tribu de Tartares, appelés Turks, s'était établie à Iconium, sous la protection des sultans seljoucides. Othman, chef de cette tribu, se déclara indépendant, et les descendants de ce chef augmentèrent rapidement leur pouvoir en s'emparant des débris de l'empire de Constantinople. Le sultan Bajazet menaçait la ville impériale ; Timour, en le forçant à défendre ses propres états, retarda la chute du Bas-Empire. Bajazet fut fait prisonnier près d'Angora, et Timour s'empara d'une partie de l'Asie-Mineure. Par une exception à peu près unique, le prince turk reçut un traitement assez doux pendant sa captivité ; mais rien ne put adoucir les regrets du sultan vaincu; il mourut bientôt après sa défaite. Établi sur les bords de la Méditerranée, Timour voulut encore reconquérir la Chine, autrefois possédée par Chenghiz-Khan, et que par ce motif le prince tartare mettait à honneur de faire entrer sous sa domination. Cette œuvre, disait Timour, devait servir à expier, par la destruction d'une race idolâtre, tous les meurtres que le sort de la guerre l'avait obligé à commettre sur de vrais croyants. Une si pieuse intention fut arrêtée par la mort du conquérant ; il succomba, dans la ville d'Otrar, à la maladie dont il était atteint. Les moyens employés par

Timour pour soutenir le zèle de son armée expliquent
assez le genre de ses succès ; il savait se servir des passions
des hommes aussi bien que de leurs qualités, flattait la
vanité, ouvrait un large espoir à l'avarice comme à la
soif des honneurs, récompensait généreusement le dévouement à sa personne, et, après s'être montré patient
à supporter les mécontentements des chefs, il aimait à
subir lui-même les inconvénients dont on se plaignait.
Jamais l'âge ni l'accroissement de puissance ne le
dispensèrent de se montrer un jour de bataille et d'exposer sa personne. Les premières actions de Timour
réalisent un des contes héroïques que les femmes tartares
se plaisent à redire à leurs enfants. « Quand je prends le
vêtement du commandement, écrit-il dans ses Instituts,
je ferme les yeux à la sécurité et à l'aisance qu'on trouve
sur le lit de repos. »

Sa carrière, comme chef d'armée, dura environ un
demi-siècle, et, pendant ce temps, il comptait à peine
quelques jours exempts de combats et de dangers ; mais
nul prince ne montra un jugement plus sûr comme guerrier et une bravoure plus éclatante que la sienne.

Sa persévérance était extrême, les obstacles ne parve-
naient jamais à la lasser. Quand il voulait donner le
secret de cette vertu, il racontait à ses officiers une
anecdote de sa jeunesse. « Je fus, une fois, disait-il,
forcé, mes ennemis étant à ma poursuite, de me cacher

dans un bâtiment ruiné, où je restai seul et assis pendant plusieurs heures. Mon attention fut captivée par une fourmi qui portait au haut d'un mur un grain de blé plus gros qu'elle; je contemplais ses efforts pour arriver à son but; le grain retomba soixante-neuf fois à terre pendant qu'elle montait; l'insecte persévéra, et, à la soixante-dixième fois, il atteignit le haut du mur. Cet exemple, ajoutait Timour, m'inspira un nouveau courage, et je n'ai jamais oublié la leçon qui m'a été donnée par une fourmi. »

Timour avait la prétention d'être fort religieux; il remplissait tous les actes extérieurs du culte, montrait des égards aux hommes pieux; ceux-ci lui assuraient ordinairement que Dieu avait donné à son épée victorieuse les pays des autres souverains. L'importance qu'il parut attacher à ses prophéties fait voir que, s'il n'y croyait pas, il savait du moins s'en servir pour favoriser ses desseins ambitieux.

Les fils de Timour conservèrent quelques fragments de ses états; mais c'est seulement dans l'Inde, à Delhi, où règne encore un simulacre de souverain, sous le titre de grand-mogol, qu'il reste quelques traces de l'étonnante domination de Timour. Quand toute la force d'un gouvernement repose sur la puissance et l'habileté d'un seul, que des lois sages, des institutions conservatrices ne réparent pas les désastres de la guerre, l'héritage d'un roi n'est pas transmissible à sa postérité. En vain Timour avait-il désigné son successeur, Pyr-Mahomet fut obligé d'engager une guerre contre Khullyl-Sultan, pour soutenir ses droits. Ces deux princes n'étaient que les petits-fils de Timour ; ils périrent de mort violente, et le sultan Shah-Rokh, leur oncle, monta sur le trône. Heureusement pour les peuples, après un conquérant dévastateur, la Providence envoie presque toujours un prince sage, ami des intérêts du faible, et qui met tous ses soins à relever l'industrie et la prospérité intérieure dans ses états. Shah-Rokh n'eut pas d'autre volonté pendant son règne ; il fit reconstruire et réparer les villes ruinées, encouragea les travaux agricoles. Les savants reçurent des récompenses ; la cour de Shah-Rokh était brillante et policée. Il entretenait des relations amicales avec les princes ses voisins, recevait somptueusement leurs ambassadeurs, et envoyait les siens porter de riches présents dans les différentes cours de ses alliés. Enfin, ce règne fut un moment de trève et de renaissance accordé à la Perse. Ulugh-Beg continuait l'œuvre de son père lorsqu'il fut assassiné par Abdul-Latyf, son fils. Les soldats de cet indigne prince firent justice du roi parricide. Une nuée de descendants de Timour vinrent alors fondre sur les provinces possédées par le conquérant. Après différentes mutations de pouvoir, Sultan-Hussein-Mirza se rendit maître de l'empire. Il remporta de grandes victoires sur ses compétiteurs et sur les Usbegs; son fils, moins heureux que lui, perdit tous ses états et fut réduit à se sauver en pays étranger.

Dynastie des Sophis.

Le premier chef des sophis s'établit à Aderbil, dans l'Aderbijan, pour y vivre dans la retraite avec quelques disciples. L'autorité du chef s'était perpétuée de père en fils depuis plusieurs siècles, sans troubles, sans contestations, et les conquérants rendaient hommage à la piété du chef d'Aderbil. Le grand Timour, étant allé voir Sudder-u-Dyn, lui demanda quelle faveur il pouvait accorder à ses désirs. « Mettre en liberté les prisonniers que vous avez amenés de Turquie, » répondit l'homme religieux. Le conquérant se rendit à ce désir; les tribus affranchies à cette occasion témoignèrent une longue reconnaissance à Sudder-u-Dyn, et les fils de ces prisonniers aux successeurs du chef sophi. Le nombre des partisans de cette secte s'augmenta au point de mettre le fils d'un des princes solitaires en état de monter sur le trône de Perse.

Khaujah-Aly, le sophi régnant, venait de mourir à la Mecque, en accomplissant un pèlerinage. Son petit-fils, Juneyd, prit le manteau sacré, légué de génération en génération, sans qu'il soit renouvelé, par les anachorètes suffites.

Professant un profond mépris pour les biens de ce

monde, ils n'avaient d'autre gage de leur pouvoir, d'autre possession à laisser que ce manteau, symbole révéré de la foule. Néanmoins, les disciples du jeune prince sophi présentaient un nombre si formidable, que Jehan-Shah, le chef de la tribu du Mouton-Noir, maître de l'Aderbijan, bannit Juneyd de ses états. Uzun-Hussein, ennemi constant de Jehan-Shah et chef de la tribu du Mouton-Blanc *, reçut les fugitifs avec de grandes marques de respect, et donna sa sœur en mariage à Juneyd. Mais les efforts du sophi ni ceux de son allié ne purent avoir pour résultat de rétablir la secte bannie sur le territoire d'Aderbil. Cette lutte dura de longues années; Juneyd, atteint d'une flèche, mourut dans un combat; son fils Hyder, neveu d'Uzun-Hussein, lui succéda, et aida puissamment la tribu du Mouton-Blanc à triompher de ses ennemis. En récompense de ses services, Uzun-Hussein, devenu par de rapides conquêtes souverain de toute la Perse, lui donna sa fille en mariage. Trois fils naquirent de cette union. Hyder attendit la majorité de l'aîné pour proposer à ses partisans de venger sur les habitants de Shirwan la mort de son père Juneyd. La tentative ne réussit pas. Hyder mourut, et son corps fut enterré à Aderbil, lieu de l'ancienne résidence des sophis. Cette

---

* Ces deux tribus portaient sur leurs drapeaux la figure d'un mouton, l'un blanc et l'autre noir.

circonstance augmenta la prédilection des shiites pour la résidence d'Aderbil, et ils y accomplissaient de fréquents pèlerinages.

A la mort d'Uzun-Hussein, son successeur prit ombrage de la secte populeuse, et commença contre elle des persécutions actives. Les deux fils aînés d'Hyder périrent en défendant leurs condisciples. Il ne resta plus que le jeune Ismaël de cette famille si puissante peu de temps auparavant. L'enfance d'Ismaël s'écoula sans bruit et sans apparence de projets hostiles de la part des shiites *; mais, à peine âgé de quatorze ans, Ismaël se mit ouvertement à leur tête, et, moins de quatre ans après, de succès en succès, il était parvenu à conquérir toute la Perse et à se faire proclamer souverain de ce pays. Sous le règne de ce prince, la religion suffite devint la religion nationale, et Ismaël a conservé en Perse le nom de roi des sheahs (shiites). Pendant toute sa vie il n'éprouva qu'une défaite; mais elle lui fut sensible au point de changer complètement son caractère. Sultan-Selim, qui régnait à Constantinople, proclama une guerre d'extermination contre la secte schismatique, et déclara dans ses fetfas, publiés en entrant en campagne, qu'il y avait plus de mérite à tuer un shiite persan qu'à détruire soixante-dix chrétiens.

Les Persans ne purent pas résister à la puissante armée

* Shiite signifie sectaire.

rassemblée contre eux. Ismaël fut complètement battu sur les frontières de l'Aderbijan. Mais les Turks, dépourvus de vivres, se retirèrent après le pillage du camp vaincu. Depuis cette journée, jamais Ismaël ne reprit confiance en sa fortune ; on lui vit constamment un visage sombre, et rien ne put parvenir à l'arracher à sa profonde tristesse.

Tamasp n'avait que dix ans, lorsque son père lui laissa le trône ; plusieurs tribus se disputaient la tutelle du jeune prince. Les querelles amenées par ces prétentions troublèrent le royaume pendant plusieurs années. Un jour, les altercations devinrent si vives à ce sujet entre deux chefs, qu'ils arrivèrent échauffés par la colère jusque dans la tente du roi. Tamasp avait déjà seize ans : indigné de se sentir sous un joug aussi dangereux qu'humiliant, il parut tout-à-coup devant l'armée, et invita ses soldats à maintenir l'indépendance de leur roi ; tous déclarèrent qu'ils étaient prêts à soutenir la cause du prince. Une action s'engagea ; la tribu rebelle fut vaincue et dispersée, et Tamasp jouit dès-lors de la plénitude de ses droits.

Les Usbegs avaient envahi le Khorassan, et la ville d'Hérat soutenait, depuis deux ans, un siége qui réduisit ses habitants aux plus cruelles extrémités de la famine. Ils implorèrent le secours de Tamasp. Le prince répondit à cet appel, et repoussa bientôt les Usbegs dans leur pays. Soliman, empereur de Constantinople, entra en Perse et poursuivit ses conquêtes jusqu'à Bagdad, sans éprouver de résistance ; Tamasp se porta avec son armée sur la frontière des états de Soliman. Cette manœuvre réussit : l'armée turque quitta aussitôt la Perse pour venir défendre son territoire, et l'invasion n'eut pas de suites.

Sous ce règne, la reine Elisabeth d'Angleterre envoya un ambassadeur à la cour de Perse pour faciliter les relations commerciales entre les deux états. La lettre de la reine était adressée, selon la formule exigée, *au très-puissant et très-victorieux prince, le grand-sophi, empereur des Perses, des Mèdes, des Parthes, des Hircaniens, des Caramaniens, des Morgiens, des peuples deçà et delà de la rivière du Tigre, et de tous les hommes ou nations entre la mer Caspienne et le golfe Persique.* Après ce long énuméré, la souveraine de l'Angleterre souhaitait toutes sortes de prospérité au monarque persan, et le priait de faire bon accueil à son envoyé. Tamasp, ainsi que tous les Orientaux, n'avait qu'une assez mince idée des puissances européennes. L'étendue des possessions, une volonté dans laquelle réside toute la loi, voilà pour eux la marque de la vraie grandeur. Que les hommes qu'ils appellent leurs sujets soient épars sur une terre inculte, et toujours en état de révolte, peu leur importe. Ils ne comprennent pas davantage ce que l'industrie d'une nation, sa marine et son armée habilement disciplinées représentent de force dans un espace limité. Le fanatisme religieux est encore un autre obstacle aux relations entre les Orientaux et les Occidentaux. Le sultan commença par s'informer si l'envoyé était gaur (chrétien) ou bien mahométan. L'Anglais répondit qu'il regardait Mahomet comme un grand prophète, mais qu'il professait la religion du Christ. Tamasp lui ordonna aussitôt de se retirer, protestant qu'il n'avait nul besoin du secours des infidèles. Un esclave suivit les pas de l'envoyé, et, à mesure qu'il s'éloignait, il répandait du sable partout où l'Anglais avait passé, afin de purifier le palais de la souillure du contact d'un chrétien.

La famille de Shah-Tamasp était nombreuse. Il avait plusieurs fils; mais, selon la prudente coutume des cours orientales, les uns étaient enfermés, les autres occupaient des postes éloignés. Hyder-Mirza, le favori du roi et son cinquième fils, se trouvait seul libre auprès de lui, quand il mourut. L'occasion lui était favorable, il s'empara de la couronne, des palais et des trésors de Tamasp, et se déclara roi. Son frère Ismaël, de concert avec une de ses sœurs, parvint à le détrôner et à le remplacer, et, pour diminuer le nombre de ses compétiteurs, Ismaël ordonna le massacre de tous les princes royaux, ses frères et ses neveux, tombés en son pouvoir. Mahomet-Mirza, le fils aîné de Tamasp, passait pour inhabile à régner, à cause de sa mauvaise vue. Il avait plusieurs enfants; Ismaël fit arrêter toute la famille de Mahomet-

Mirza à Shiraz, et donna l'ordre de la faire périr. La barbarie du nouveau roi lui aliénait toute la nation; le désordre de sa conduite inspirait le plus profond mépris aux seigneurs de sa cour; mais il possédait le trône, et le péril d'une conspiration retenait la vengeance autour de lui. Ses ordres trouvaient également des gens soumis. Pendant le règne de Tamasp, Mahomet-Mirza avait gouverné le Khorassan. En quittant sa résidence d'Hérat, il y laissa en ôtage, par ordre de son père, son plus jeune fils encore à la mamelle. Ce prince, appelé Abbas-Mirza, reçut le titre nominal de gouverneur, et Aly-Kouli-Khan, son tuteur, nommé par Tamasp, administra le pays à sa place. Quand Ismaël ordonna la mort de son frère aîné et de toute sa famille à Shiraz, il n'oublia pas le jeune Abbas. Aly-Kouli-Khan reçut l'ordre de faire mourir son pupille, le même jour où Mahomet-Mirza serait exécuté à Shiraz. On était au douzième jour du ramazan, temps de jeûne et de prière; cette circonstance amena un sursis dans les apprêts de mort. Les deux gouverneurs s'entendirent pour n'accomplir leur mission qu'après l'expiration du ramazan. Il leur sembla qu'alors l'obéissance à de tels ordres serait moins odieuse. Le treizième jour était passé, et, le carême fini, rien ne devait plus retarder le supplice des malheureux princes, lorsqu'à Shiraz et à Hérat on vit arriver deux courriers couverts de sueur et de poussière. Ils annonçaient que le sultan Ismaël avait été trouvé mort

ivre, le lendemain du jour où ses derniers ordres étaient
partis pour les deux villes. Selon sa coutume, le roi était
sorti déguisé, pour parcourir les rues d'Ispahan; un
confiseur de la ville, noble compagnon des excès royaux,
accompagnait Ismaël. On ne les vit plus rentrer au palais
de toute la nuit. Les serviteurs du palais s'assemblèrent,
le lendemain, autour de la maison du marchand : tout
était fermé au dehors. Inquiets de ne pas entendre le
moindre bruit, ils revinrent au palais avertir la sœur du
monarque de ce qui se passait. La princesse donna l'ordre
d'enfoncer les portes, et se rendit elle-même sur les lieux.
On trouve le roi étendu sur le plancher; son camarade,
couché près de lui, ne donnait non plus aucun signe de vie;
mais Ismaël était mort, et le confiseur revint de son épais
sommeil. Questionné sur ce qui s'était passé, il dit que la
veille, au soir, on avait remis au roi sa boîte d'opium tout
ouverte, et qu'en ayant fait l'observation au sultan, celui-
ci avait répondu qu'il était sûr de la personne qui lui
apprêtait ce médicament. Les soupçons auraient dû naître
après ce récit; mais la joie qu'inspirait la mort du tyran
arrêta toute idée de poursuivre les recherches sur le motif
d'un si heureux événement. On aurait regretté de traiter
en coupable le libérateur de la Perse.

Mahomet-Mirza reçut la nouvelle de son élévation au
trône au moment où il se disposait à mourir. La fortune
des princes orientaux est souvent exposée à des chances

aussi contradictoires ; il est dans le caractère national de montrer une grande impassibilité dans le triomphe comme dans le péril. Le règne de Mahomet fut troublé par des guerres et des révoltes : son fils Humzan-Mirza soutint avec dévouement la cause royale. Abbas-Mirza était resté dans le Khorassan, et la noblesse du pays, tout en l'entourant de respect, refusait de le laisser partir. La volonté du jeune prince l'aurait porté à aller offrir ses services à son père. Mahomet tenta vainement de soumettre le Khorassan par les armes : son fils ne recouvra sa liberté qu'en étant appelé au trône par droit de succession. Elevé au rang de souverain, Abbas sut s'affranchir du joug imposé à sa jeunesse. Plusieurs guerres lui donnèrent l'occasion d'obtenir la haute considération personnelle dont il était digne par sa bravoure éminente et l'étendue de ses vues politiques. Son caractère cependant n'était pas exempt des superstitions communes aux Orientaux, et il en donna une singulière preuve. Occupé à repousser une invasion des Usbegs, il suspendit tout-à-coup les soins les plus importants de cette guerre, pour se dérober aux suites d'une prédiction des astrologues. Ces hommes prétendaient avoir découvert que les jours du roi de Perse étaient menacés par l'influence des astres, et qu'il mourrait inévitablement à un jour nommé. Frappé de ce péril illusoire, Abbas imagina un singulier expédient. Il abdiqua le trône, et un *incroyant*, nommé Yusoufy, fut choisi pour le remplacer. Pendant trois jours, Yusoufy exerça , dans toute sa plénitude , le pouvoir royal : après cette ridicule parade, le roi paya de sa vie son pouvoir éphémère. Le sacrifice ayant accompli l'arrêt céleste, Abbas remonta sur le trône, lorsque les constellations promettaient tout succès à la couronne de Perse. Des victoires signalées encouragèrent malheureusement le roi et la nation dans leurs funestes croyances.

CHAPITRE XI.

—

L'ambassade anglaise, l'île d'Ormuz et la Politique persane.

Deux gentilshommes anglais vinrent encore, mais cette fois sans mission officielle, chercher à établir des relations avec la Perse. Le comte d'Essex avait engagé sir Anthony et sir Robert Shirley à tenter cette négociation. Les deux frères partirent, accompagnés d'une suite de vingt-six personnes, toutes richement montées et équipées. Afin de s'assurer une bonne réception, ils apportaient au roi de Perse des présents d'une grande valeur. Ces présents consistaient en six paires de pendants d'émeraude magnifiques, deux autres joyaux de topaze, une coupe en or émaillée, qui se divisait en trois parties, formant une belle aiguière, une salière, et le couvercle de la coupe représentait un dragon en argent ciselé et doré.

Anthony Shirley portait la parole ; il dit au roi qu'ayant entendu parler de sa haute renommée, il était venu combattre sous ses ordres, et lui offrir, en instruisant ses troupes à se servir des canons, un moyen infaillible de réduire les ennemis de la Perse. C'était surtout contre les Turks qu'il prendrait un grand plaisir à employer ce moyen de triomphe. Après quelqu'hésitation, le roi se confia au chrétien ; il n'eut pas sujet de s'en repentir. En témoignage de sa libéralité, Abbas-Mirza donna aux étrangers mille tomans, quarante chevaux tout équipés ; les deux destinés à Anthony et Robert Shirley étaient couverts de selles extrêmement riches, brodées en rubis et en turquoises ; les autres étaient de velours brodé en or ou en argent. Seize mules, douze chameaux et un même nombre d'esclaves étaient également donnés par le roi pour le transport des bagages et des tentes pendant le voyage.

1600. — Un historien, contemporain des événements qui suivirent l'admission des emplois dans l'armée persane, parle ainsi de ce qui se passa : « Le puissant Ottoman, la terreur du monde chrétien, tremble devant ce qu'ont enfanté les Shirley, et déjà l'on peut espérer sa chute prochaine. Les Persans victorieux ont appris des Shirley l'art de la guerre ; naguère encore ils ignoraient la discipline ; ils ont maintenant cinquante pièces de canon et soixante mille hommes armés de fusils. Quand ils n'avaient qu'une épée, ils faisaient trembler les Turcs ; maintenant ils sont devenus plus terribles ; leurs coups atteignent plus loin, ils savent user de la vertu des nouvelles armes. » Réconcilié par ces accroissements de forces avec les chrétiens en général, Abbas chargea sir Anthony de présenter, de sa part, des lettres de créances aux souverains de l'Europe. Voici commment le monarque persan s'exprimait à cette occasion : « Dans cet heureux temps, il est venu d'Europe, de sa pleine volonté, me trouver dans ce pays, un gentilhomme distingué, sir Anthony Shirley. Or, vous tous, princes, qui croyez à Jésus-Christ, sachez que c'est lui qui a fait naître l'amitié entre vous et moi. Nous avions aussi eu déjà ce désir ; mais personne ne se présentait pour ouvrir la voie et pour éloigner les obstacles qui me séparaient de vous : il n'y a eu que ce gentilhomme. Comme il est venu ici de sa propre volonté, c'est aussi d'après son désir que j'envoie avec lui un des premiers hommes de ma cour. La manière dont le gentilhomme était avec moi, la voici : depuis qu'il est dans cette contrée, nous avons mangé chaque jour du même plat, nous avons bu dans la même coupe, comme deux frères. En conséquence, princes chrétiens, quand il se présentera devant vous, ayez confiance en lui comme si c'était moi-même ; et, quand il aura passé la mer et sera entré dans le pays du grand roi de Moscovie (vu que nous sommes en amitié comme frères), tous les gouverneurs, grands et petits, l'accompagneront et le conduiront en grand honneur jusqu'à Moscou ; et, comme il y a un grand amour entre le roi de Moscou et moi, puisque nous sommes deux frères, j'ai envoyé ce gentilhomme au travers de ses états, et je le prie de favoriser son passage et d'en écarter tous les obstacles. »

Les marchands chrétiens jouirent de grands priviléges dans le royaume. Un firman leur accorda des droits égaux à ceux des Persans dans toutes les transactions commerciales. Mal accueilli en Russie, sir Anthony fut reçu avec de grandes démonstrations de joie à la cour d'Allemagne. Les projets d'Abbas contre les Turks entraient aussi dans les vues des autres souverains de l'Europe. Quant à cet espoir se joignit la nouvelle d'un succès important, les félicitations furent unanimes ; mais entre un prince de Perse et des rois européens, les relations diplomatiques ne peuvent pas jeter des racines d'alliances solides. Les vues et les intérêts de ces différentes cours ne sauraient jamais être longtemps les mêmes.

L'île d'Hormuz, possédée par les Portugais, devint un objet d'envie pour le roi de Perse. Cette île, située à l'entrée du golfe Persique, est privée d'eau et de végétation. Les montagnes et les plaines y sont couvertes d'une cristallisation saline, qui s'étend comme une couche de givre sur la terre. Dans toute son étendue, Hormuz n'a pas plus de six lieues. Cependant, grâce à la liberté de son commerce, à l'affranchissement de la tyrannie orientale, la petite île prospérait, et les navires de toutes les nations affluaient dans son port. La richesse des négociants d'Hormuz était devenue proverbiale. Abbas ne comprenait pas d'où venait une si grande prospérité : au lieu de l'attribuer à la facilité des transactions et des échanges commerciaux, il pensa que le sol de l'île devait engendrer des trésors, et il résolut de conquérir Hormuz. Les Anglais, jaloux de l'établissement portugais, aidèrent le roi de Perse dans cette fatale entreprise. Après une longue défense, une lutte désespérée, les malheureux insulaires se rendirent par la famine. La ville fut abandonnée aux Persans ; les prisonniers chrétiens appartinrent aux Anglais. Abbas recueillit toutes lers richesses contenues dans l'île ; mais cette terre, tombée en son pouvoir, redevint déserte et stérile. Le port de Gombron fut inutilement destiné par le roi, sous le nom de Bunder-Abbas, à continuer le commerce à jamais détruit. Les navires étrangers ne revinrent plus dans le golfe : cette leçon n'apprit rien au despote, ni à ses descendants. Il serait impossible de faire comprendre à un roi de Perse qu'il aurait quelqu'avantage à introduire dans l'administration de son royaume des coutumes ou des lois empruntées à l'Europe. Robert Shirley revint en Angleterre, comme envoyé d'Abbas-Mirza auprès du roi Jacques Ier. A travers mille exagérations sur les richesses du souverain asiatique, il offrit cependant des avantages commerciaux réels, et l'Angleterre les accepta.

1626. — Un gentilhomme de haute naissance, sir Dodmore-Cotton, partit avec le titre d'ambassadeur, accompagné d'une suite imposante. Robert Shirley revenait avec sir Dodmore-Cotton. L'orgueil du roi de Perse ne pouvait manquer d'être flatté d'une mission si brillante : les formalités et les cérémonies avec lesquelles elle fut reçue donnent une idée des mœurs et du caractère de la cour d'Abbas. Sir Dodmore-Cotton et le gentilhomme qui l'accompagnait restèrent quelques moments, avant d'être présentés, dans une antichambre, et, au lieu du café que l'on offre ordinairement dans de semblables occasions, ils trouvèrent là un repas somptueux, servi en plats d'or avec grande abondance de vins, qui coulaient de flacons d'or massif dans des gobelets de même métal. De cette pièce ils furent conduits au travers de deux autres appartements qu'on nous dépeint comme splendidement décorés, remplis de vases d'or enrichis de pierreries, qui contenaient de l'eau de rose, des fleurs et du vin. Après avoir traversé ces deux appartements, ils arrivèrent dans la vaste salle de parade ; les grands officiers de la couronne étaient rangés tout autour, le long de la muraille, comme autant de statues : aucun d'eux ne faisait le moindre mouvement. Tout était dans un profond silence ; de beaux enfants, avec des turbans brillants et des habits brodés, portaient des coupes pleines de vin et les présentaient à ceux qui en voulaient. Abbas était vêtu très-simplement en drap rouge ; il n'avait sur lui aucun ornement : la poignée de son sabre seulement était dorée. Les principaux seigneurs, qui étaient assis à côté de lui, étaient mis avec aussi peu de recherche, et l'on voyait bien que le roi, au milieu de cet appareil de richesse et de grandeur, affectait la simplicité.

Il fut convenu entre l'ambassadeur et le roi que l'Angleterre enverrait tous les ans des draps anglais en échange de mille balles de soie. L'embarras de sir Dodmore-Cotton pour s'asseoir, les jambes croisées, sur les coussins posés à terre, amusa beaucoup le sultan. Abbas but à la santé du roi d'Angleterre, et, l'ambassadeur s'étant découvert pour témoigner son respect envers son souverain, le roi de Perse ôta également son turban pour faire une concession aux usages de ses hôtes. Cependant, après un si gracieux accueil, l'ambassadeur n'obtint plus la faveur de voir le roi. Le premier ministre, ennemi déclaré des chrétiens, fit échouer toutes les espérances des envoyés. Sir Thomas Hébert, historien de cette ambassade, appela ce ministre, dans sa correspondance, le plus impertinent des payens. En parlant d'un personnage éminent à la cour, le même sir Herbert dit, par forme de plaisanterie : « Si Dieu ne damne point cet homme pour ses infâmes hérésies, il le damnera assurément pour son nom, qui est si long, qu'il embarrasse toujours monsieur l'ambassadeur. »

Abbas fit bâtir pendant son règne de grandes et magnifiques mosquées, des palais et des ponts. Il fit faire une grande chaussée qui traverse tout le Mazendran et rend cette province praticable en toute saison pour les armées et les voyageurs. Le Mazendran abonde en vins et en cochons ; aussi Abbas disait-il que ce serait un vrai paradis pour les chrétiens, tandis que c'était un lieu de dangereuses tentations pour les mahométans. Inégal dans ses actions, ce roi se montra quelquefois généreux envers ses ennemis, et d'autrefois d'une cruauté froide que rien ne saurait excuser. Il affectait une grande piété, faisait des pèlerinages et se permettait ouvertement l'usage du vin, malgré la loi précise qui le défend. Sa vie entière est semée des traits les plus contradictoires.

Il était un jour à cheval, entre deux sages mollahs (prêtres), et s'entretenait tour à tour avec eux. Malgré la la sainteté reconnue des deux personnages et l'édification de leurs discours, il prit la fantaisie au roi de chercher à savoir s'il n'existait pas quelque levain de jalousie au fond de leur âme. Le cheval du premier mollah avait l'allure un peu dure. Abbas s'approcha de Mer-Mahomet-Beauker, dont la monture au contraire sautait et piaffait beaucoup; il lui dit : « Quelle lourde bête monte Shaikh-Behauden ! il ne peut seulement pas vous suivre. — Ce qui m'étonne, répondit le mollah, c'est que ce cheval puisse marcher sous l'énorme poids de science qu'il supporte. » Quelques

minutes après, Abbas se rapprocha de Shaikh-Behauden.
« Il me semble, dit-il, que Mahomet-Beauker a choisi
un cheval bien fringant; cela n'est pas convenable pour
un mollah. — Votre majesté, répondit Behauden, ne
saurait trouver mauvais que le noble animal ressente
quelque orgueil de la charge qu'il porte. » A cette réflexion,
Abbas pencha sa tête sur le devant de sa selle, et rendit
grâces au Seigneur d'avoir permis que deux hommes si
sages vécussent auprès de lui exempts de toutes les passions communes aux courtisans.

Tant que les princes ses fils avaient été jeunes, Abbas
s'était montré plein de tendresse pour eux ; mais aussitôt
que des actions d'éclat eurent attiré l'attention des Persans
sur l'héritier du trône, le roi, atteint d'une sombre jalousie, vécut dans une défiance continuelle du prince
Suffy ; il l'accusa de conspirer contre lui, et, poussé
par ses craintes, il ordonna un jour à un vieux général de
le défaire de Suffy. Le soldat se jeta aux genoux du roi,
et le conjura en pleurant de s'épargner à lui-même un
crime qu'il déplorerait certainement aussitôt qu'il serait
accompli. En serviteur dévoué, le général offrait sa vie au
lieu de celle du jeune prince. Cette épreuve donna quelque
trève aux soupçons du roi ; mais de lâches courtisans rani-
mèrent sa jalouse inquiétude, et Behboud-Khan se chargea
de tuer Suffy, sans compromettre le nom du roi. En effet,
sous prétexte d'une vengeance particulière, il frappa le

prince au moment où il montait à cheval, et se retira immédiatement dans les écuries d'Abbas. Les écuries étaient un lieu d'asile. Abbas ordonna que ce privilége, déjà vieilli et plus d'une fois violé, fût respecté en faveur de Behboud. On comprit alors quelle main avait dirigé le fer de l'assassin, et les poursuites cessèrent. Bientôt on vit Behboud élevé à des emplois distingués ; mais les regrets du roi changèrent en une horrible vengeance cette faveur si lâchement achetée. Abbas fit un jour venir Behboud devant lui, et lui ordonna de lui apporter la tête de son propre fils. L'esclave hésita, mais il obéit. Au moment où il revenait présenter au roi le gage demandé, le prince lui dit avec l'expression du mépris : « Qu'éprouves-tu en ce moment? — Je suis bien malheureux, répondit Behboud. — Voilà où conduit l'ambition, reprit Abbas ; maintenant je t'ai rendu aussi à plaindre que ton maître. » Le sanguinaire repentir du roi n'était pas fait pour calmer l'irritation de son esprit chagrin ; il voyait ses fils trembler en sa présence ; toute confiance était bannie de son intérieur. La tristesse des princes était un reproche constant pour Abbas ; il recommença à soupçonner des complots : les deux fils qui lui restaient furent encore condamnés à perdre la vie. Nous manquons de courage pour raconter les tragiques événements qui suivirent ces nouveaux crimes. Abbas paya par les plus cruels chagrins intérieurs l'abus monstrueux de son pouvoir paternel.

Si nous examinons la conduite administrative de ce roi, nous le voyons grand et respecté dans son royaume et au dehors. Il surveilla les intérêts de ses sujets, sut attirer les étrangers dans ses états, et montra de la tolérance pour tous les cultes; les chrétiens obtenaient de beaucoup auprès de lui la préférence sur les religionnaires turks, les shiites mahométans ayant une grande horreur pour les sunites de la même croyance. En Perse, on s'enorgueillit encore du règne d'Abbas, surnommé le Grand. Il est passé en usage d'attribuer à ce prince toutes les constructions dont on ne sait plus l'époque précise. Sous son règne, les historiens écrivaient : « Quand ce grand prince cessera de vivre, la Perse cessera de prospérer. »

1628. — A sa mort, Abbas désigna le fils de Suffy pour lui succéder. Sam-Mirza prit le nom de Shah-Suffy, et régna pendant quatorze ans. Sa passion pour le vin lui fit commettre des crimes qu'il désavouait trop tard quand sa crise d'ivresse était passée. Abbas II continua le règne de son père; mêmes excès, mêmes repentirs infructueux, quelques guerres peu importantes. L'état général de la Perse resta assez satisfaisant. Soliman, le fils aîné d'Abbas II, allait, par une intrigue de cour, être mis de côté en faveur de son frère cadet; mais lorsque les seigneurs de la cour vinrent réclamer le prince enfant Aga-Moubaruk, le gouverneur répondit qu'il ne livrerait son élève qu'étranglé, si on le demandait pour commettre une injustice en sa faveur. Soliman, devenu roi, voulut vainement récompenser la loyale conduite d'Aga-Moubaruk ; il refusa toute faveur, en disant qu'il avait seulement rempli son devoir. Le nouveau roi mena aussi une joyeuse vie, et s'entoura de courtisans de son âge. Les soins du gouvernement reposaient sur un sage ministre, Shaik-Aly-Khan, dont la grave réserve et la vie austère semblaient faire au roi un reproche constant de son intempérance. Soliman l'envoya chercher un jour au milieu d'une partie de plaisir et le tourmenta de mille façons pour l'obliger à y prendre part. Vainement Aly-Khan voulut s'en défendre ; le roi lui présenta de l'opium et du vin, ne lui laissant que le choix du breuvage. Le vieillard céda à l'importunité, et prit l'opium comme moins contraire à la loi de Mahomet. La frugalité habituelle du ministre tourna contre lui en cette occasion : il perdit toute sa connaissance, et devint le jouet de la cour. Soliman, après s'être amusé aux dépens du saint homme, lui fit couper la barbe, et le renvoya chez lui. A son réveil, Shaik-Aly députa un messager au roi avec sa démission. Nulle prière ne put le faire revenir de ce parti pris. Soliman se repentit alors de sa folle conduite, et l'état se ressentit de l'absence du ministre. Quelques mois après sa retraite, le roi était encore livré à ses excès, et, sur un caprice occasionné par les vapeurs du vin, il commanda qu'un de ses musiciens eût les doigts coupés ; il s'endormit sur cet ordre. L'officier chargé de son exécution pensa que le roi, éveillé, serait bien aise de faire grâce; il ne se pressa pas d'obéir. Quand Soliman ouvrit les yeux, il entra dans une terrible colère de voir le musicien à sa place; il répéta l'arrêt prononcé, et comprit l'officier dans la même punition. Un seigneur de la cour essaya d'intervenir en leur faveur : Soliman, excité par la colère, ajouta qu'il en serait fait de même à l'intercesseur. Les condamnés, au désespoir, dépêchèrent un message au ministre retiré, pour lui apprendre leur triste position. Touché de pitié en leur faveur, Aly-Khan vint se jeter aux pieds du roi, qui le repoussa d'abord, mais qui finit cependant par consentir à l'écouter, à la condition que le vieillard rentrerait dans ses fonctions auprès de lui. « Je suis votre esclave, répondit Aly-Khan, et prêt à obéir à vos commandements. — Alors, dit le roi, que les coupables vous rendent grâces, ainsi que mes sujets ; car je veux désormais, à cause de vous, renoncer à ma funeste habitude. » Soliman souhaitait sans doute de tenir parole ; mais il retomba dans ses excès ; du moins les soins d'Aly-Khan sauvèrent le pays, qu'il laissa à sa mort dans un état florissant.

Sous le règne de Sultan-Hussein, le dernier des successeurs de Timour, les Affghans, établis dans le voisinage de Candahar, se révoltèrent. Le roi envoya des troupes et un nouveau gouverneur pour les réduire. Traités en peuple nouvellement conquis, les Affghans essayèrent de faire porter en secret, auprès du roi, des plaintes contre ses délégués. Le sultan répondit avec dureté, et l'oppression redoubla. Un jeune prince de la tribu des Ghiljy, appelé Mer-Vais, habitait Candahar ; il devint le chef du parti qui se formait contre la Perse, et se rendit à la Mecque, sous prétexte d'y faire un pèlerinage ; et là, il complota, avec les principaux des Affghans, d'organiser une révolte contre les shiites. Nous laisserons le détail des diverses phases de cette guerre, qui finit par l'envahissement complet de la Perse. Mahmoud, fils de Mer-Vais, conduisit les troupes affghanes jusque sous les murs d'Ispahan. Shah-Hussein, le souverain régnant, abattu par l'adversité, se tenait enfermé dans son palais, tandis que sa faible armée soutenait un siége désastreux. Après avoir épuisé tous ses trésors, et livré au peuple et à l'armée les vases d'or et d'argent de son palais, le roi sacrifia encore sa puissance pour épargner la vie du reste des assiégés. De cruelles souffrances pesaient sur les habitants d'Ispahan ; les vivres étant épuisés, ils commençaient à se nourrir de la chair des cadavres ; d'autres préféraient se tuer à conserver leurs jours à ce prix. Shah-Hussein abdiqua la couronne le 21 octobre 1722.

1722. — Le lendemain, vêtu d'habits de deuil, il se rendit captif au camp des vainqueurs. En quittant Ispahan, le roi malheureux n'entendit pas un reproche sortir des rangs de la foule qui se pressait en pleurant sur ses pas. S'il avait été faible et imprudent, le souvenir de sa bonté, le dévouement dont il faisait preuve le rendaient encore cher à son peuple.

En approchant de Mahmoud, Hussein lui parla ainsi :

« Mon fils, puisque le maître souverain de l'univers ne permet pas que je règne plus longtemps, je te cède l'empire. Que ton règne soit heureux ! » Et d'une main ferme il détacha l'aigrette royale de son turban, et la donna au visir de Mahmoud. Pour compléter son humiliation, Mahmoud exigea que le monarque déchu lui remît lui-même le signe de la royauté. La résignation calme pouvait seule relever la situation d'Hussein ; il reprit l'aigrette des mains du visir et l'attacha au turban de Mahmoud, en lui disant : « Règne en paix. »

Mahmoud, touché à la fin de la conduite du noble captif, lui promit de le bien traiter et de ne rien entreprendre sans lui demander conseil. Cependant, il dut encore assister à l'installation du nouveau monarque, et, après cette cérémonie, on lui assigna un de ses palais pour prison ; ses femmes et ses serviteurs furent réduits au nombre de dix. Pour un roi persan c'était une véritable détresse ; aussi Hussein se plaignait-il souvent de vivre dans un isolement difficile à supporter.

Les Monarques Affghans.

LES premiers actes du règne de Mahmoud donnèrent quelqu'espoir aux Persans; il punit les traîtres qui avaient entretenu des intelligences avec son armée pendant le siége récompensa les sujets fidèles de Shah - Hussein, encouragea le séjour des étrangers dans le royaume, et semblait enfin rechercher l'estime et l'affection du peuple conquis. Les princes de la famille déchue restèrent à Ispahan, et y furent traités avec distinction. Tamasp, que Shah-Hussein avait désigné pour son successeur avant la reddition d'Ispahan, errait avec sa famille dans le Mazendran. Il ne paraissait pas probable que sa fortune se relevât. Les Persans eux-mêmes ne lui reconnaissaient pas les qualités indispensables à un chef. Mahmoud, qui avait à combattre les Russes et les Turks, laissa d'abord en paix son faible adversaire, malgré la position hostile que prit Tamasp aussitôt que son père eut perdu sa couronne.

Tant que Mahmoud se crut en sûreté sur le trône, il conserva des apparences de justice; mais après l'invasion de Pierre-le-Grand et quelques révoltes dans l'intérieur du royaume, le roi montra tout-à-coup une effroyable férocité; il employait la ruse pour attirer auprès de lui ceux qu'il soupçonnait de tramer quelque complot contre lui, et les condamnait sans preuves. Chaque jour suffisait à peine aux exécutions qu'il ordonnait, et quand il craignait

que de jeunes enfants ne devinssent les vengeurs de leurs
pères, il faisait arracher des écoles, ou des bras de leurs
mères, ces fils souvent trop jeunes pour prévoir le sort
qui les attendait.

L'avidité des richesses vint encore ajouter à sa cruauté,
et, pour grossir son trésor, Mahmoud condamnait à périr
tous ceux qui possédaient les biens dont il souhaitait la
possession. Effrayés par tant de supplices, les Persans
s'enfuirent des villes, et Mahmoud ne sembla plus régner
que sur le désert. Une maladie mentale expliqua bientôt
les dispositions sanguinaires de ce prince et sa lâcheté
personnelle. Abandonné d'une partie des siens, battu par
les armées étrangères, il eut recours à des pratiques superstitieuses pour obtenir du Ciel les secours que son
pouvoir lui refusait. Après quinze jours passés dans une
caverne, où il jeûna et se maintint sans sommeil, afin
d'avoir les célestes extases promises par les jongleurs,
Mahmond sortit de là complètement fou et plus altéré
de sang que jamais. Il fit massacrer sous ses yeux, et
devant le malheureux Hussein, les princes de Perse. Le
roi captif ayant pris dans ses bras deux de ses plus jeunes
fils, qui cherchaient un refuge auprès de lui, Mahmoud
les poursuivit là, et, ayant blessé de son épée Shah-Hussein,
il s'arrêta cependant, et consentit à épargner ce qui restait de la famille royale. Ashraff succéda à Mahmoud, que
sa maladie obligea enfin à tenir renfermé. A cette époque,

9.

Tamasp avait un peu relevé son parti, et les Affghans commençaient à le craindre. Pierre-le-Grand s'était engagé à remettre le prince de Perse sur le trône de ses pères. Un auxiliaire plus immédiatement influent se déclara encore pour le fils d'Hussein. Nadir-Shah, guerrier renommé, se rendit auprès du prince, et dévoua son épée au service de sa cause. Nadir-Shah, qui sortait de la tribu d'Offshur, gagna d'abord sa vie à faire des habits et des manteaux avec des peaux de moutons. Les Begs l'emmenèrent esclave après un combat contre sa tribu. Nadir s'échappa, et vécut longtemps dans les montagnes, où il se mit à la tête d'une bande de voleurs ; mais ces hommes se considéraient comme des insurgés contre les Affghans, quoiqu'ils exerçassent toutes les déprédations attribuées aux voleurs par état. Quand Nadir-Shah vint offrir ses services à Tamasp, il se fit honneur de sa résistance au pouvoir des usurpateurs du trône de Perse, et mit toute sa troupe à la disposition de l'héritier légitime de Shah-Hussein. Pour marquer son entier dévouement, Nadir prit le nom de Tamasp-Kouli-Khan, nom qui signifie l'esclave de Tamasp. Sous ce titre, qu'il ne garda pas longtemps, Tamasp-Kouli-Khan cachait une haute ambition personnelle, et il ne tarda pas à travailler pour lui-même, en cherchant à conquérir le trône de Perse. Ashraff ne put pas résister aux armes du vaillant Nadir. Aussi cruel que son prédécesseur, le roi affghan, prêt à quitter Ispahan, médita le massacre de tous les hommes sur lesquels il allait cesser de régner. La marche rapide de Nadir ne lui laissa heureusement pas le temps d'accomplir cet horrible projet. Shah-Hussein et ses fils tombèrent seuls sous le fer des fugitifs. Le lendemain du massacre de la famille royale, Tamasp entrait en roi dans la ville abandonnée par les Affghans. Ashraff avait laissé la vie aux femmes des princes, mais il les emmenait captives; ainsi le prince vainqueur ne comptait retrouver aucun des siens dans le palais. L'esprit livré à une profonde tristesse, il en parcourait les salons déserts, déplorant, entre toutes les pertes qu'il avait faites, la captivité ou même la mort de sa mère, lorsqu'il vit s'approcher de lui une femme de noble apparence, sous le costume d'une esclave : c'était la sultane, sa mère. Tamasp la reconnut et son cœur en fut inondé de joie. Depuis sept ans, cette femme courageuse acceptait les fonctions serviles que lui imposait son déguisement, afin d'épier toutes les occasions de servir la cause de son fils, et d'adoucir la captivité des autres princes. Le secret, gardé jusqu'à la fin, sur son véritable rang, lui avait épargné l'esclavage, et le retour de son fils allait la dédommager de sa longue humiliation.

Après cet heureux moment, cependant, Tamasp n'était pas destiné à jouir longtemps de son pouvoir. Il avait eu déjà plus d'une occasion de s'apercevoir que Tamasp-Kouli-Khan était secrètement disposé à se révolter contre lui, et le roi, osant se fier à son droit, déclara le général traître et rebelle. Nadir se justifia les armes à la main, et Tamasp, traité par lui avec toutes les apparences du respect, devint le captif du chef de l'armée. Nadir-Shah, nous ne l'appellerons plus du nom qui n'était plus qu'une signification dérisoire ; Nadir-Shah réduisit les ennemis de la Perse ; rompant sans scrupule un traité arraché à la faiblesse de Tamasp, il recommença la guerre avec les Turks, et leur reprit toutes les provinces concédées par le roi. Après un acte vigoureux, Nadir déclara le prince déchu de son pouvoir, éleva son fils à sa place et envoya Tamasp dans le Khorassan, avec toutes les femmes et les serviteurs de son palais que le prince voulut emmener. Le fils de Tamasp avait huit ans ; sa royauté de nom ne gênait pas beaucoup les volontés du général. Peu de temps après ces dispositions, Nadir essuya une défaite complète contre les Turks. S'il eût été moins habile politique, cette circonstance pouvait lui faire perdre sa haute position ; mais sa générosité envers les troupes vaincues, les éloges et les honneurs dont il les combla, relevèrent le moral de l'armée, et, moins de trois mois après sa défaite, Nadir remporta un éclatant triomphe sur l'armée turque. Une maladie, quelques auteurs disent la volonté de Nadir, amena la mort du fils de Tamasp. Nadir annonça à l'armée que le trône était vacant ; il demanda aux grands de la couronne de choisir dans les rangs un souverain digne de les gouverner. Le général était bien sûr que le vœu général serait pour lui ; mais il feignit une grande surprise quand on vint le prier d'accepter la couronne, et il se laissa prier pendant un mois entier, avant de donner une réponse favorable aux courtisans et aux officiers ; encore mit-il sa condescendance à un prix inattendu. Nadir voulut que l'armée renonçât aux doctrines introduites par les monarques sophis, et qu'elle reprît le même culte que les Turks. La volonté du chef l'emporta sur la superstition religieuse ; on abjura les réformes introduites par Shah-Ismaël, le fondateur de la dynastie des sophis. Cette exigence avait un but politique : elle assurait désormais la paix avec la Turquie. Possesseur de la royauté, Nadir ne songea d'abord qu'à étendre ses conquêtes ; il envahit Candahar et Caboul, conquit l'Inde et la Tartarie. Sa gloire militaire égala celle des plus grands héros de la Perse ; néanmoins, la mémoire de ce prince resta entachée de crimes et d'un vice inexcusable. Pour satisfaire son amour des richesses et sa prédilection particulière pour les pierreries, il dépouillait non-seulement ses ennemis, mais encore ses propres soldats, après le pillage d'une ville conquise. Quand il revint de l'Inde, où il avait vaincu l'empereur de Delhi (le grand-mogol), Nadir séjourna quelques jours à Kérat, pour rafraîchir ses troupes qui allaient marcher vers l'Oxus. Dans cette halte, il déploya toute la pompe de ses richesses aux yeux de l'armée. La cour, les soldats et le peuple eurent la permission de venir admirer la fastueuse exposition des trésors royaux. On distinguait surtout, dans l'immense butin remporté, le trône de l'empereur de Delhi. Il était d'or et exécuté dans la forme d'un paon, dont la queue s'étendait en éventail derrière le siége royal. Les plus belles pierreries, habilement choisies et symétriquement posées, brillaient en multitude sur le plumage simulé, et imitaient les dessins et les couleurs que le paon étale aux regards.

A toutes les batailles données par Nadir, on avait vu son fils Reza-Kouli se distinguer par sa bravoure et son dévouement au roi; souvent, envoyé seul dans des expéditions périlleuses, le jeune prince avait donné d'irrécusables preuves de sa fidélité. Une fatalité, commune aux despotes orientaux, semble les destiner tous à être les bourreaux de leurs fils. Reza-Kouli, devenu suspect au roi, fut condamné par lui à perdre les yeux. Cet arrêt reçut son exécution ; nul conseil n'ose intervenir, quand le souverain a prononcé. Un ordre est accompli aussitôt qu'entendu ; si le roi a été injuste, il ne peut que s'en repentir, lorsque la réflexion lui vient, et souvent, pour étourdir ses remords, il devient chaque jour plus cruel. Afin de donner une apparence de justice au supplice de Reza-Kouli, Nadir avait convoqué cinquante seigneurs pour en être témoins. Ceux-ci périrent tous en expiation de la perte des yeux du prince. Depuis lors, le sang des condamnés ne cessa de couler jusqu'à la fin du règne de Nadir. Ses armes devinrent moins heureuses, et, après une guerre de trois ans contre les Turks, il s'empressa, voyant que sa fortune baissait, de conclure un traité où il cédait sur la partie importante des griefs qui lui avaient fait entreprendre la campagne. Plusieurs révoltes, causées par l'opinion religieuse, éclatèrent sous son règne. Dans les villes qui se rendirent coupables de rébellion, la population fut anéantie. Nadir, qu'on avait vu quelquefois généreux envers ses ennemis jusqu'à l'imprudence, ne savait plus gouverner ses sujets que par le meurtre. Un soir, il tomba dans son camp une flèche entourée d'un papier qui contenait ces mots : « Si tu es roi, protége et rends heureux ton peuple. Si tu es prophète, montre-nous le chemin du salut. Si tu es Dieu, aie pitié dans ta miséricorde de ceux que tu as créés. » Nulle recherche ne put faire découvrir l'auteur de cet avis. Le sultan ordonna de distribuer dans le camp des copies de sa réponse. « Je ne suis, disait Nadir, ni un roi qui doive protéger ses sujets, ni un prophète qui doive montrer le chemin du salut, ni Dieu destiné à faire des œuvres de miséricorde ; je suis celui que le Tout-Puissant a envoyé dans sa colère pour châtier un monde coupable. »

Quelque temps après, un capitaine des gardes, ayant surpris son nom sur la liste des condamnés, résolut de prévenir sa sentence, en tuant le tyran. Quatre soldats s'engagèrent dans le complot; ils surprirent Nadir au milieu de son sommeil et le tuèrent. Cependant, le roi guerrier s'étant réveillé avant que le premier coup fût porté, une lutte s'engagea et deux des assassins tombèrent morts avant Nadir. Un neveu du roi obtint la couronne, parce qu'il prétendit avoir favorisé les desseins du capitaine des gardes; mais ce prince, faible et cruel tout à la fois, se fit bientôt chasser du trône. Les Persans tournèrent leurs vues du côté du fils de Reza-Kouli, le jeune Shah-Rokh. Ce prince, doué des plus gracieuses et des plus nobles qualités, méritait les hommages de la nation entière. La mère de Shah-Rokh était une fille de Shah-Hussein; il réunissait donc sur sa tête les droits de deux familles, pour obtenir le trône de Perse. Un ambitieux se déclara contre lui, et, répandant de grossières calomnies sur le prince, il parvint à se faire un parti assez puissant. Shah-Rokh, détrôné, subit le même sort que son père; après lui avoir brûlé les yeux, on le mit dans un cachot. Le cruel usage de brûler les yeux aux princes vient de ce qu'une loi exclut de la couronne tout prince frappé d'infirmité. Cependant Yusouf-Aly, ayant pris les armes en faveur du malheureux prince, lui rendit le pouvoir suprême et prit, sous ses ordres, le titre de régent.

CHAPITRE XII.

—

Kurrym-Khan. — Le Tribunal.

Les tribus kurdes et arabes se soulevèrent contre Yusouf-Aly; tout chef de khan, tout gouverneur de province prétendait, en ce moment d'anarchie, à s'élever au trône, en se déclarant indépendant : ils se firent la guerre entr'eux sur d'autres prétentions. Plusieurs d'entr'eux accrurent leur pouvoir par ces révoltes. Les ancêtres de Kurrym-Khan avaient été les compétiteurs des sophis, lorsque le vœu de l'armée éleva Ismaël au trône. Malgré le souvenir traditionnel de l'influence de sa famille, Kurrym-Khan, étant né pauvre, sans pouvoir, servit d'abord comme simple soldat dans l'armée de Nadir. En ce temps-là, pressé par une forte tentation, il arriva un jour à Kurrym de dérober, chez un sellier, une selle brodée en or qu'un chef affghan avait envoyée à l'ouvrier pour la raccommoder. Personne n'avait vu le soldat commettre son vol : il lui était facile de vendre cette selle à quelque marchand étranger ; mais Kurrym apprit que le malheureux sellier était condamné à être pendu, pour n'avoir pas pu rendre l'objet qui lui avait été confié. Touché de repentir et de compassion, le coupable voulut à l'instant même réparer sa faute ; il reprit la selle et retourna, à pas pressés, vers la boutique du sellier. La femme de ce malheureux était si accablée par la douleur, qu'elle ne prenait pas garde à ceux qui s'approchaient de ses marchandises. Kurrym glissa doucement son fardeau au milieu de l'étalage, et, prenant un air distrait, il alla s'asseoir à quelque distance, pour épier les mouvements de la surprise qu'il venait de préparer. La marchande ne tarda pas à lever les yeux ; un cri de joie s'échappa subitement de sa poitrine, quand elle s'aperçut de la restitution qui lui était faite. Elle tomba à genoux pour remercier Dieu, et, dans ses actions de grâces, elle lui demanda que celui qui s'était montré pitoyable et repentant eût un jour en sa possession des milliers de selles brodées d'or. Ce vœu fut entendu, et Kurrym, relevé par la bonté de son cœur du vice où il avait été près de tomber, ne cessa de donner des preuves de sa loyauté et de sa justice. Elevé successivement à des grades importants, Kurrym devint le chef de sa tribu, et enfin, comme nous l'avons dit, maître d'une partie de la Perse. Ses compétiteurs au pouvoir étaient Azad-Khan et Mahomet-Hussein-Khan; mais Kurrym avait pour lui l'affection des Persans. La généreuse bonté de ce prince, sa douceur envers ses ennemis semblaient les seules armes de sa conquête. Les peuples, fatigués de guerres, se soumettaient avec joie à l'obéissance d'un prince qui leur promettait un règne pacifique. Telles étaient bien les dispositions du prince; la turbulence des chefs de tribus ne lui permit pas d'accomplir sa volonté sur ce point; mais, se réfugiant habituellement dans des occupations administratives, il laissa à son frère Zuky-Khan le soin de réduire ses ennemis. Le cruauté de ce prince réprima assez promptement ceux que l'indulgence de Kurrym avait engagés à prendre les armes contre lui. Le roi s'établit à Schiraz, et fit de cette ville un séjour de paix et de bonheur.

Sorti des derniers rangs de l'armée, Kurrym n'avait reçu aucune éducation; il ne savait ni lire, ni écrire; mais il avait le bon esprit de ne pas affecter, comme la plupart des ignorants, un grand mépris pour la science. Les savants au contraire étaient reçus avec distinction à la cour. Habile dans tous les exercices militaires, Kurrym ne rechercha jamais les applaudissements de la foule : son extérieur était simple, ses mœurs douces, et le dernier de ses sujets pouvait venir implorer sa justice, lorsque les juges refusaient de recevoir sa plainte ou de lui faire droit.

La roi consacrait plusieurs heures, chaque jour, à ses audiences publiques. De tout temps les monarques persans ont eu le même usage; mais, sous les princes despotes et cruels, le tribunal roya offrait trop de dangers aux plaideurs pour qu'ils y eussent souvent recours. Quand les plaintes n'arrivaient pas jusqu'à eux, les rois pouvaient croire quele peuple, courbé sous le poids de la terreur, se soumettait sans murmure à son sort. Mais, sous le règne de Kurrym-Khan, la justice ne fut pas une vaine formalité; les plaignants parlaient au roi en toute liberté. Un jour où l'audience s'était prolongée plus que de coutume, le roi, fatigué et pressé de rentrer dans l'intérieur de son palais, se trouva arrêté de nouveau par un homme qui implorait à haute voix son attention. « Qui êtes-vous? dit Kurrym. — Je suis un marchand, répondit l'homme, et des voleurs viennent de me dérober tout ce que je possédais. — Que faisiez-vous quand on vous a volé? — Je dormais, répliqua le plaignant. — Eh ! pourquoi dormiez-vous? reprit le prince impatienté. — Parce que je me suis trompé, dit le marchand sans se troubler : j'ai cru que vous veillez pour moi. » Le roi, frappé de cette réponse, se calma subitement; et, loin de se montrer blessé du reproche, il se tourna vers son visir et lui donna l'ordre de prendre, dans le trésor royal, la somme à laquelle se montaient les pertes du marchand, et de la lui donner. « C'est à nous, ajouta le roi, à tâcher de retrouver cela sur les voleurs.

Toute la vie de cet excellent prince s'écoula heureusement; il mourut très-âgé, mais on ne savait pas au juste
l'année de sa naissance. Les tribus errantes de la Perse
ne sont pas dans l'usage de tenir registre des morts et des
naissances dans leurs familles. Chaque homme sait tout au
plus quel prince régnait, ou quelle guerre venait de
prendre fin ou commencement, quand il est né; c'est en
rapport avec ces faits que les chronologistes établissent
le nombre d'années de chacun, en cas de besoin urgent;
mais cette chance est très-rare. D'après de semblables
calculs, Kurrym est mort entre 75 et 80 ans. Ses vertus
n'étaient pas de celles qui laissent une éclatante renommée;
aussi les Persans disent-ils, en parlant de ce prince:
« Kurrym-Khan n'était pas un grand roi, sa cour n'avait
point de magnificence; il a fait peu de conquêtes; mais on
ne peut nier que ce ne fût un magistrat admirable. » Ces
paroles, dites par les vaniteux Persans, à dessein de ra-
baisser la gloire de Kurrym, nous semblent le plus bel
éloge qu'on puisse faire d'un roi.

CHAPITRE XIII.

—

Aga-Mahomet. — Ses Conquêtes. — Les Trésors de Nadir-Shah.

1779. — Les trois fils de Kurrym, élevés successivement au pouvoir, furent détrônés, et eurent les yeux crevés par ordre de Saduk-Khan, leur cousin. Zuky-Khan, leur oncle, avait péri par suite des tentatives faites pour s'emparer de la couronne. Zuky-Khan avait, sous le règne de Kurrym, remporté des victoires éclatantes sur les Turks ; il occupait la ville de Bassora. Cette conquête revint à sa mort entre les mains du sultan de Constantinople. En perdant les princes que nous venons de citer, la Perse échappait à la domination de deux cruels tyrans. Aly-Mourad, fils d'un troisième frère de Kurrym, parvint à se faire reconnaitre roi. Comme ses prédécesseurs, il sacrifia tous ceux qui portaient ombrage à son usurpation, et se maintint quelque temps sur le trône. Son plus dangereux ennemi fut Aga-Mahomet-Khan, qui devint le fondateur de la dynastie actuellement en possession du trône de Perse. Aga-Mahomet-Khan, chef des Kujurs, avait été fait prisonnier dans le Mazendran, sa patrie, et conduit à Shiraz par Kurrym. A la mort de ce prince, il profita de la liberté qui lui était accordée de faire des parties de chasse hors de la ville, pour retourner au milieu des siens. Il s'y forma un parti puissant, et, deux mois après la mort d'Aly-Mourad, Aga-Mahomet était maître d'Ispahan. Jaffer-Khan, successeur d'Aly-Mourad, et demi-frère de ce prince, conservait encore, avec Shiraz, une partie du royaume de Kurrym ; il n'aurait pas résisté longtemps aux armes d'Aga-Mahomet, car il perdit bientôt toute influence sur ses propres sujets. Lâche et cruel, il périt à la suite d'une conspiration formée contre lui. Sa mort élevait Louft-Aly-Khan, son fils, à sa place.

Nous touchons presqu'à la fin de notre tâche, en ce qui tient à l'histoire de Perse, et nous ne voyons pas que les mœurs ni la civilisation aient fait des progrès sensibles dans ce pays. Toujours les mêmes révoltes de la part des chefs d'armée ; ce n'est encore que crimes et meurtres dans les familles régnantes, et le plus brutal despotisme de la part des rois. La superstition, le fanatisme dominent l'esprit de toute la nation, et rien ne fait présager un terme à cet ordre de choses. Les Orientaux se montrent toujours aussi ennemis des innovations importées d'Occident; d'ailleurs, où la religion chrétienne n'a pas étendu ses bienfaisants préceptes, l'homme reste toujours plongé dans un état voisin de la barbarie.

Nadjy-Ibrahim, ancien ministre de Kurrym, avait remis la ville de Shiraz au pouvoir de Jaffer. Il concourut de toute son influence à élever Louft-Aly-Khan au trône, à la condition que ce prince ne poursuivrait aucun des meurtriers du roi son père. Après avoir accepté ce traité, Louft-Aly-Khan ne le tint pas avec exactitude. Dès-lors la défiance s'établit entre le ministre et le jeune souverain; bientôt Nadjy-Ibrahim, s'imaginant qu'il avait quelque sujet de craindre pour sa vie, trahit la cause fidèlement servie jusque-là, et fit proposer à Aga-Mahomet de lui remettre les états de son maître. Un motif plus désintéressé que le soin de sa conservation personnelle encourageait Nadjy dans sa déloyale conduite. La Perse divisée avait perdu de son importance nationale; il voulait rendre à son pays son imposante unité. Aga-Mahomet, guerrier plein de valeur et d'expérience, se disait encore le ministre, ne pouvait manquer de l'emporter un jour sur le jeune successeur de Jaffer-Khan. Epargner aux deux princes une lutte sanglante était un acte de patriotisme qui écartait des scènes de désolation, et rapprochait le terme d'un événement décrété par la Providence.

Un jour que Louft-Aly-Khan était sorti de Shiraz à la tête de ses troupes, les portes de la ville se refermèrent sur lui, et ses sujets se déclarèrent en état de révolte. L'armée, restée fidèle au roi, essaya de commencer le siége sous ses ordres. Le ministre parvint à détacher ce parti de la cause royale, et Louft-Aly-Khan s'enfuit bientôt presque seul, abandonnant sa capitale peuplée de citoyens et de soldats insurgés contre lui. Dans sa retraite, le jeune prince songeait à préparer une nouvelle attaque; il recruta quelques partisans dans le Farsistan, et, cette fois, l'éclatante bravoure du roi détrôné jeta un vif intérêt sur sa cause. Enfermés dans Shiraz, les soldats qui avaient trahi Louft-Aly-Khan commençaient à se repentir de leur conduite. Nadjy sut rendre leurs regrets impuissants, en les désarmant par ruse. Les détours subtils sont fort en usage en Perse. Sous prétexte de vouloir récompenser les troupes, on les avait réunies, pour leur distribuer des gratifications, dans une cour de l'intérieur du palais. Ils entraient successivement au nombre de cent dans une enceinte dont les murs étaient élevés; là une garde nombreuse entourait les soldats de Louft-Aly, et les forçait à déposer leurs armes sans proférer un seul cri. Cela fait, ils sortaient par un côté opposé, et cent autres soldats bientôt désarmés succédaient à leur tour à ces hommes mis hors d'état de défense.

Cependant, comme la réputation de Louft-Aly-Khan

prenait un accroissement rapide, Aga-Mahomet pensa qu'il était temps de se rendre aux instances du ministre, enfermé dans Shiraz, et de venir se montrer dans ses nouveaux états pour y poursuivre un rival trop longtemps dédaigné.

Avant que Mahomet arrivât dans le Farsistan, Louft-Aly avait déjà vaincu plusieurs fois les troupes de Nadjy-Ibrahim ; mais il avait cependant été forcé de nouveau à battre en retraite avec un très-petit corps de troupes. Louft-Aly-Khan marchait vers les ruines de Persépolis, lorsqu'il rencontra les avant-postes de l'armée du puissant Aga-Mahomet, devenu le maître de toute la Perse. Quelques centaines d'hommes composaient les ressources du fugitif. Celui-ci sentit une nouvelle force s'élever en son cœur, à la vue de ses ennemis ; il parvint à exciter au même degré le courage de ceux qui l'entouraient, et la faible troupe fondit à l'improviste sur les avant-postes d'Aga-Mahomet.

Cette irruption inattendue mit le désordre dans l'armée ; elle se débanda de tous côtés, et Louft-Aly pénétra jusque dans le camp presque désert du chef des Kujurs. Aga-Mahomet n'était pas un ennemi facile à déconcerter ; à autant d'audace que son adversaire il joignait une maturité d'expérience qui ne se laissait pas abattre pour un avantage perdu. Instruit par lui, un espion vint avertir mystérieusement Louft-Aly-Khan qu'Aga-Mahomet, gagné par la frayeur générale, avait aussi pris la fuite. « Faites entourer les tentes royales, dit le traître ; car si vos soldats y entrent, leur ardeur pour le pillage vous fera perdre la plus riche part du butin. » Cet avis séduisit le jeune chef ; il donna à sa troupe l'ordre de respecter l'enceinte, qu'il fit garder par quelques hommes, et permit imprudemment aux autres de se répandre dans le camp. La nuit suspendit bientôt toute occupation, et la bande victorieuse se livra au sommeil sur le terrain dont elle se croyait maîtresse. Au point du jour, à l'heure accoutumée de la prière, des crieurs publics firent entendre leurs voix pour appeler les fidèles, comme s'il ne s'était rien passé la veille. Aga-Mahomet, resté dans sa tente et encore entouré d'une assez bonne garde, venait de donner l'ordre de remplir ce devoir. Subitement éveillé par ces voix, Louft-Aly-Khan devina qu'il était trahi ; tous les soldats, épars dans le camp et frappés de terreur, s'échappèrent à la hâte. Le jeune prince, qui s'était cru vainqueur pendant quelques instants, se trouvait obligé de fuir sans combat, devant un rival qui ne voyait même pas dans sa présence un motif suffisant d'alarme pour suspendre les exercices pieux du matin. Aga-Mahomet méprisait l'ennemi caché près de sa tente. Cependant, après cet échec, Louft-Aly-Khan releva encore son parti ; il savait se faire de nouveaux partisans, les organiser en armée partout où sa fortune le rejetait. Seul et dénué quelquefois, l'amour du peuple pour lui semblait prêt à lui rendre le pouvoir ; mais Aga-Mahomet paraissait à la tête de sa formidable armée, et tout rentrait sous sa domination. Enfin, un gouverneur de province trahit le prince fugitif, et le livra au cruel Aga-Mahomet, qui en usa envers son captif avec une incroyable barbarie. Après des années d'une captivité intolérable, Louft-Aly-Khan, aveugle et mutilé, reçut comme un bienfait la mort que le maître de ses états voulait bien enfin lui envoyer pour mettre fin à d'horribles souffrances. Tous les princes qui avaient quelques parents capables d'établir des droits au trône périrent également par ordre d'Aga-Mahomet. La mort de Louft-Aly-Khan laissait le chef des Kujurs maître du Mazendran, d'Asterabad, de Ghilan, de tout 'Irak, du Fars et du Kerman : toutes ces contrées sont situées entre la mer Caspienne et le golfe Persique. Les perpétuelles mutations de pouvoir entre les chefs de tribus, l'habitude de passer d'un maître à l'autre avaient anéanti tout point d'honneur et de fidélité parmi les troupes. Il était d'usage que toutes les familles puissantes donnassent des otages à leurs différents souverains, tant on était en garde contre la défection de ses alliés les plus intimes. D'un autre côté, chaque seigneur se fortifiait de son mieux dans les places et villages qui lui étaient confiés, afin d'être prêt à se défendre, en cas de péril, contre les ordres du roi. L'Arménie était partagée entre les Turks et les Persans ; ceux-ci en avaient la moindre portion. La

Géorgie, en partie peuplée par des chrétiens, s'était placée sous la protection de la Russie, alors gouvernée par Catherine II. Aga-Mahomet dédaigna de prendre le titre de roi, tant qu'il n'eut pas rétabli l'autorité royale dans toute sa splendeur, et réuni sous son obéissance les pays appartenant à l'ancien royaume de Perse. Pour y parvenir, il employa tour à tour la trahison et la force ouverte. Ses ennemis, ceux qu'il regardait simplement comme suspects, n'avaient point de pardon à attendre de lui. Les petits royaumes et les provinces dont il poursuivait la conquête tombèrent successivement sous sa domination. Les pays qu'il soumettait étaient livrés au meurtre et au pillage. Un froid discernement, une politique égoïste décidaient seuls des faveurs qu'il répandait sur les siens, de l'amnistie ou de la vengeance à l'égard de ses ennemis vaincus. Depuis son avénement au trône, Aga-Mahomet désigna son neveu Feth-Aly-Shah pour lui succéder, et, contre l'usage des despotes, le roi plaça la plus entière confiance dans son futur héritier. Tous les actes du règne de Mahomet tendirent à remettre son royaume exempt de rivalités et de divisions entre les mains de ce neveu privilégié. Des trois frères de Mahomet, un seul avait osé rester en Perse. Jaffer-Kouly avait donné tant de preuve de son attachement et de sa fidélité au roi, qu'il crut pouvoir, sans risque pour sa vie, rester dans le royaume qu'il gouvernait. Cependant Aga-Mahomet s'imagina bientôt que

son frère tramait un complot contre lui, et il l'engagea af-
fectueusement à se rendre à la cour. La prudence conseil-
lait à Jaffer de refuser cette invitation ; il prit divers pré-
textes pour ne pas quitter le gouvernement qui lui était
confié. Mahomet ne se plaignit pas de ce retard ; il attendit patiemment une occasion plus favorable, et, l'ayant rencontrée, le fratricide médité fut accompli. Feth-Aly-Shah,
soumis à la volonté de son oncle, servit, dit-on, sans en
être averti, à faire tomber Jaffer-Kouli dans le piége préparé par le roi. Quand Aga-Mahomet sut que ses ordres
avaient été remplis, il fit venir son héritier en sa présence,
le chargea d'injures, en lui montrant le corps de son frère.
« C'est pour vous que j'ai fait cela, dit-il ; l'âme généreuse qui habitait ce corps n'aurait jamais laissé reposer la
couronne sur votre tête. Pour vous épargner des malheurs,
je me suis conduit avec une ingratitude honteuse ; j'ai
commis un crime envers Dieu et les hommes. » De semblables scènes, qui nous font horreur, sont malheureusement trop familières à la jeunesse des princes orientaux ;
aussi les meilleurs d'entre les rois de Perse ont-ils commis
des actes qui souilleraient à jamais la mémoire d'un prince
européen.

La Géorgie, que Catherine croyait suffisamment pro-
tégée par son nom, fut investie et dévastée par Aga-
Mahomet. Après un massacre qui dura plusieurs jours,
seize mille jeunes captifs, hommes et femmes, suivirent

le retour de l'armée triomphante. Les esclaves géorgiens sont très-recherchés par les Persans, qui les traitent avec douceur. Ceux qui voulurent abjurer la religion chrétienne reçurent la liberté, et prirent rang dans l'armée.

Des victoires successives et le caractère ferme et hautain de Mahomet rehaussèrent puissamment sa renommée. Le peuple et l'armée ressentaient pour lui un profond respect et une crainte non moins grande. Au retour de l'expédition de Géorgie, les courtisans pressèrent leur chef de se laisser couronner roi; Aga-Mahomet s'y était toujours refusé. « Ma tâche ne fait que commencer, leur dit-il, et je ne serai roi que lorsque le royaume aura repris l'étendue qu'il doit avoir. » Le Khorassan restait en effet à soumettre, et cette province, gouvernée par plusieurs chefs habiles et puissants, était peuplée par les hommes les plus braves de la Perse. Nadir-Mirza, le moindre des chefs du Khorassan, régnait à Mushed, où il protégeait les derniers jours de son père aveugle. A l'approche de l'armée d'Aga, Nadir abandonna lâchement le vieillard, qu'il laissa se présenter seul, en esclave soumis, au-devant du cruel chef des Kujurs. Les plus riches pierreries rapportées de l'Inde par Nadir-Shah (Tamasp-Kouli-Khan) avaient disparu du trésor royal de la Perse. On disait généralement que Louft-Ali-Khan les avait léguées à Shah-Rokh. Cette circonstance, révélée à Mahomet, changea tout-à-coup les dispositions bienveillantes qu'il avait montrées au roi prisonnier. Il lui ordonna impérieusement de lui remettre les pierreries de Nadir. Shah-Rokh protesta qu'il ne possédait rien de ces trésors. Le monarque persan, soupçonnant quelque fraude, ordonna de soumettre le vieillard à la torture. A chaque douleur, Shah-Rokh découvrait quelque parcelle de ses richesses cachées en effet, et dispersées en plusieurs endroits; enfin, lorsqu'après lui avoir entouré la tête d'un cercle de pâte, on jeta du plomb fondu sur le crâne de Shah-Rokh, le malheureux aveugle, demi-mort, découvrit un rubis d'une grosseur extraordinaire, autrefois attaché à la couronne de l'empereur du Mogol, et le joyau que Mahomet espérait surtout voir tomber en sa possession. A cet instant, pénétré de joie, il fit cesser la question; mais Shah-Rokh ne survécut que peu de jours aux douleurs qu'il avait souffertes. Ce rubis, si chèrement défendu, est la plus belle pierrerie connue. Le roi actuel le porte souvent attaché à l'aigrette royale qui décore son bonnet brodé en perles fines et en pierres précieuses; et telle est l'indifférence des Persans pour les scènes sanglantes, qu'il ne vient probablement à l'esprit d'aucun courtisan de penser à ce qu'il a péri d'hommes sous les ordres de Nadir, pour attacher ce joyau à la couronne de Perse. C'est tout ce que la conquête a conservé; et encore par quels moyens ce rubis est-il revenu au trésor d'Aga-Mahomet!

En apprenant la défaite des Géorgiens, Catherine mit

une nombreuse armée sur pied, et l'invasion commença en Perse. Un danger réel menaçait enfin Aga-Mahomet. Sans en paraître nullement ému, il organisa un vaste plan de défense pour punir, disait-il, les insolents infidèles de l'Europe, qui osaient entrer sur le territoire d'un vrai croyant. La mort de la czarine rappela au centre de la Russie l'armée qui était en marche pour abattre l'orgueil du prince musulman. Ainsi échappé au péril, Aga-Mahomet ne vit dans ce hasard qu'une preuve de la protection particulière dont il se croyait l'objet de la part de la Providence. Dès-lors son despotisme redoubla. Ayant enfin consenti à prendre le titre de roi (shah) de Perse, il tint à relever la majesté de ce titre, et refusa l'honneur de sa présence à tout homme que son rang ou son service n'appelait pas devant lui. L'avarice même, sa passion dominante, cédait à l'ambition d'inspirer un respect mêlé de crainte à ses sujets; lui qui jusque-là ne dédaignait aucun moyen de se procurer de l'argent, refusa même un jour de parler à des traitants qui offraient, s'ils étaient admis en la présence du roi, d'affermer des discrits à des conditions fort au-dessus de toutes celles proposées jusque-là. Le ministre insistait pour obtenir cette faveur. « Je ne les verrai pas, répondit le monarque. — Que votre majesté sache bien, dit le ministre, que pareille occasion ne se retrouvera plus; il s'agit du double de la somme qu'on peut raisonnablement demander. — Qu'importe? reprit

Aga-Mahomet, je n'aurai pas cet argent ; mais ces manants ne paraîtront pas devant moi. »

On dit que le prince, étant d'un physique grêle et disgracieux, n'aimait pas à être regardé en face par les courtisans. Une trop curieuse attention portée sur lui était non-seulement une cause de disgrâce, mais souvent encore le motif caché de quelque condamnation capitale voilée sous un autre prétexte.

Pour donner une idée du mérite qu'Aga pouvait avoir à sacrifier son avarice à sa dignité personnelle, il faut savoir jusqu'où il portait l'amour de l'argent, et à quelles ruses il pouvait avoir recours pour s'en procurer. Le roi s'arrangea une fois avec un religieux mendiant non moins adroit que lui, afin d'obtenir de l'argent des seigneurs de la cour. D'abord il recommanda le personnage à leur générosité et, pour donner un libéral exemple, il remit une somme considérable au quêteur. Une libéralité aussi inattendue émerveilla les courtisans, et chacun s'empressa de complaire au monarque, en égalant sa munificence à l'égard de son protégé. Le religieux sortit de l'audience, ployant sous le faix de l'or et de l'argent. Mahomet, le suivant de l'œil, lui fit un léger signe auquel le mendiant répondit en quittant la salle. Quand vint le soir, le roi, préoccupé, semblait attendre quelqu'un et souffrir d'une incertitude qui l'agitait péniblement ; il prolongea sa veille plus tard que de coutume, et toujours en vain. A la fin, impatienté, et n'espérant plus voir son complice, il appela son ministre et lui dit : « Envoyez bien vite des émissaires sur les traces du religieux de ce matin ; j'ai été trompé par lui ; sa quête n'était qu'une feinte pour grossir mon trésor. Il devait me rendre ce que je lui avais donné, et partager le reste avec moi. Il me faut l'argent et la vie de ce misérable. » Les recherches ne produisirent aucun résultat ; le voleur avait pris ses mesures pour s'échapper en sûreté, et les courtisans s'amusèrent secrètement de la déception de leur maître. Une autre fois, Aga-Mahomet entendit un pauvre homme, condamné par lui à perdre les oreilles, offrir de l'argent au bourreau, s'il voulait ne lui en retrancher qu'une partie. Le roi appela le condamné, et lui dit qu'en donnant le double de la somme, il ne lui serait fait aucun mal. L'homme, se croyant gracié par ces paroles, se confondit en actions de grâces ; mais Aga-Mahomet ne le relâcha qu'après avoir reçu le prix exigé.

Tous les contrastes semblent se réunir dans le caractère de ce prince ; toujours le premier à la guerre, où il eut souvent l'occasion de payer de sa personne, Aga-Mahomet, si sévère sur l'étiquette de son palais, partageait alors familièrement les habitudes et les repas de ses soldats. Un jour qu'il prenait ainsi un peu de pain noir, arrosé de lait aigre, ce qui forme la nourriture ordinaire des soldats persans, un des ministres s'assit à côté du roi, et se mit à feindre un grand plaisir en mangeant les mêmes aliments. « Je ne m'oppose pas, dit le roi, à ce que vous consommiez vos délicieux pilaux et vos confitures délicates ; mais que je ne voie jamais un bourgeois de secrétaire comme vous toucher au pain de mes soldats. » Le ministre prit son parti de cet arrêt, et les soldats se montrèrent orgueilleux de leur nourriture frugale , refusée au premier officier civil du royaume.

Les habitants de Sheshah, dans le Daghestan, se révoltèrent contre le gouverneur, et firent dire à Aga-Mahomet, en marche vers un autre pays, qu'ils le priaient de venir s'emparer de leur ville. Il fallait passer l'Araxe à la nage pour profiter à temps de la conquête offerte; car le gouverneur en fuite rassemblait déjà ses alliés, les tribus des montagnes. Tel était l'ascendant de Mahomet sur ses troupes, que, à son ordre , les soldats se jetèrent dans les eaux du fleuve, quoique la plupart d'entre eux ne sussent pas nager. Beaucoup d'hommes périrent dans le trajet ; cependant un nombre suffisant atteignit les rivages de Sheshah, et le monarque prit possession de cette ville. Arrivé là, entouré de ses serviteurs, à l'abri des attaques qui menacent un camp, Mahomet périt de la manière qu'il pouvait le moins prévoir. Ayant entendu deux de ses esclaves élever la voix en se querellant, auprès de son appartement, le roi ordonna qu'ils fussent l'un et l'autre mis à mort le lendemain matin. L'inflexibilité

connue du monarque rendait son arrêt irrévocable.
D'ailleurs, toute infraction au respect qu'on doit mani-
fester pour les personnes royales ne reçoit pas un
moindre châtiment, et la mort des esclaves est un
fait peu important dans les palais orientaux. L'indifférence d'Aga-Mahomet pour cet ordre lui fit laisser
les condamnés remplir auprès de sa personne leur
service accoutumé, pendant la dernière nuit qu'ils
avaient à vivre. Le désespoir donna du courage aux esclaves ; ils profitèrent du moment où Aga-Mahomet était
endormi, et prévinrent leur propre mort, en assassinant
le despote. Quand cette nouvelle se répandit le lendemain
dans l'armée, la confusion se mit partout. La ville conquise fut évacuée à la hâte, et le cadavre d'Aga-Mahomet-
Khan resta livré aux insultes de la multitude. Les meurtriers impunis se sauvèrent dans les montagnes, sous la
protection d'un chef de tribu, qui avait, dit-on, encouragé leur complot.

1798. — Hadji-Ibrahim, le ministre de Kurrym-Khan,
de Jaffer-Khan, de Louft-Aly-Khan, et enfin d'Aga-Mahomet, remit encore la ville d'Ispahan au pouvoir de Feth-
Aly-Shah, le neveu protégé du roi qui venait de périr.
L'avénement de Feth-Aly-Shah s'accomplit sans opposition
importante. Aux provinces possédées par son oncle, il
ajouta une grande partie du Khorassan, reperdu depuis ;
la Géorgie, longtemps disputée aux czars, est cependant

restée une province russe, et les garnisons de l'empereur Nicolas s'étendent maintenant jusqu'aux bords de l'Araxe et tout le long des côtes de la mer Caspienne.

Napoléon envoya des ambassadeurs au shah de Perse Feth-Aly, et le monarque, séduit par la renommée des conquêtes du guerrier, parut un instant prêt à former alliance avec lui; mais les désastres de 1814 ramenèrent le roi de Perse à écouter les propositions des Anglais, dont le pouvoir établi dans l'Inde était beaucoup plus appréciable pour le monarque asiatique.

La Perse jouit depuis assez longtemps d'une grande tranquillité. Les étrangers y sont accueillis avec une douce hospitalité; les marchands de tous les pays y trouvent gain et sûreté. On y admet les produits étrangers, et ceux des manufactures françaises y obtiennent surtout un étonnant débit. Nos toiles peintes, nos tissus de soie et or de Lyon et les cachemires de nos fabriques y sont très-recherchés. Les Persans regrettent de n'en pas voir arriver une plus grande quantité; mais Bucharest et Constantinople, non moins avides de ces produits, retiennent au passage, en l'acquérant, une grande partie de ce qu'on expédie pour la Perse.

Abbas-Mirza, qui devait succéder à Feth-Aly-Shah, est mort en 1834, avant son père. Feth-Aly reconnut alors Mohamed-Mirza, fils aîné d'Abbas-Mirza, comme héritier présomptif de la couronne, et dans la même année, le

24 octobre, Mohamed fut appelé, par la mort de son grand-père, à faire valoir ses droits. Feth-Aly-Shah était mort à Ispahan ; Mohamed fut proclamé roi à Tauris, et reconnu comme tel par les ambassadeurs anglais et russe.

Le nouveau roi se trouvait alors avec son armée dans la Perse orientale, pour forcer Shah-Kamran, roi de Hérat, à l'exécution d'un traité par lequel il cédait à la Perse la province du Ghourian. On s'attendait à des révoltes de la part de plusieurs des oncles du roi, qui se trouvaient en possession des gouvernements les plus importants.

Pour être en mesure de soutenir ses droits, Mohamed-Mirza se hâta de ramener son armée régulière sur Ispahan Le gouverneur de cette ville livra bataille au roi, et fut vaincu. Mohamed-Shah rentra en triomphe dans sa capitale, et s'y fit couronner au mois de mars.

Depuis ce temps, Aly-Mirza, gouverneur de Shiraz, s'est révolté ainsi que son frère, Hassan-Aly-Mirza, gouverneur du Kerman. Un Anglais, sir H. Bethune, commanda en chef les armées du roi ; il a combattu les révoltés, et les a ramenés captifs à Ispahan.

Fidèle aux traditions cruelles de son pays, Mohamed a traité ses deux oncles avec la dernière inhumanité. En vain sir H. Bethune a-t-il protesté contre cet abus de la victoire dont il avait été l'instrument ; Hassan-Aly-Mirza a eu les yeux arrachés, et sa vie est menacée par suite de cette mutilation. Aly-Mirza, son frère, a été jeté dans un cachot semblable à un puits profond, et l'on n'a plus entendu parler de lui.

Telles sont les nouvelles les plus récentes que les journaux orientaux contiennent sur la Perse.

CHAPITRE XIV.

Climat, Productions, Mœurs et Usages de la Perse.[*]

Aucun royaume n'offre dans son étendue une plus grande diversité de climats que la Perse; les provinces méridionales du Kerman, du Laristan, du Fars et du Khuristan, ont une température chaude, souvent très-augmentée par l'aridité de longues plaines désertes et stériles. Un vent chargé de sable fin règne avec violence pendant l'été dans le midi de la Perse. Il n'a pas les inconvénients du simoun, vent si fatal aux caravanes des grands déserts. L'hiver et le printemps sont délicieux dans ces contrées; Shiraz, dans le Farsistan, passe pour avoir le plus beau

---

[*] Ce chapitre est presque tout entier composé d'emprunts textuels faits à la traduction française de l'histoire de Perse, par sir John Malcolm.

Ispahan.

ciel et plus doux climat de la Perse. Ispahan, par ses beaux ombrages, ses magnifiques jardins, la richesse de son printemps, la fertilité de ses campagnes, peut cependant entrer en rivalité avec Shiraz. Dans le nord, la Perse a des régions froides et chaudes ; le Ghilan et le Mazendran ont pour limites des plaines qui s'étendent jusque sur les bords de la mer Caspienne, et dans l'intérieur des montagnes inaccessibles. La soie et le riz sont les principales productions de ces deux provinces. A lui seul, le Khorassan offre toutes les variétés de la température. D'un côté, il a pour limites le désert, d'où lui arrive des ouragans de sable, et quelquefois il règne pendant plusieurs jours des vents pestilentiels, et les hommes assez imprudents pour les braver, en sortant de leur demeure, tombent subitement frappés de mort. En général, cependant, le Khorassan passe pour être salubre. Les rivières sont rares en Perse ; les cours d'eau et les sources ne se rencontrent qu'à de grandes distances ; le sol est plus souvent aride que fertile, et ce n'est guère que dans leurs jardins, les plus somptueux de la terre, il est vrai, que les Persans jouissent de tout le luxe des productions asiatiques. On voit de riches vallées abandonnées et sans culture ; les ruines s'y mêlent de toutes parts à la plus vigoureuse végétation. Les pasteurs errants avec leurs troupeaux peuplent parfois en passant ces solitudes. C'est alors un coup d'œil charmant et plein d'intérêt de voir, entre les tentes des tribus, le costume bariolé des montagnards animer cette nature qui répandait naguère ses dons en vain. Au silence du désert ont succédé le son des voix humaines et les cris multipliés des chameaux, des chevaux et des moutons que la tribu conduit par milliers à sa suite. Un préjugé de la loi mahométane repousse les chiens de la société de l'homme. L'utilité du chien a vaincu le préjugé, et les pasteurs lui confient la garde de leurs troupeaux.

Des travaux industriels augmentent beaucoup pour les tribus le produit des animaux qu'ils élèvent; ils vendent rarement les poils des chameaux et la laine des moutons sans les avoir employés, et on trouve les bergers sous la tente occupés à tisser des tapis et des étoffes qui ont un grand débit en Perse.

Plusieurs espèces d'animaux sauvages peuplent les campagnes; on y trouve surtout le lion, le loup, le sanglier, le chacal, le renard et le lièvre; l'âne sauvage (zèbre), l'argoli (bélier) et la chèvre des montagnes. Tous les oiseaux des diverses latitudes abondent dans les endroits fertiles.

La population humaine est clairsemée sur son vaste territoire. L'éducation des enfants pauvres est livrée au hasard, et, sans le peu de valeur des vivres et l'abondante charité des riches, on ne sait pas comment les basses classes pourraient se nourrir. Sous le règne actuel, le nombre des mahométans s'accroît prodigieusement; les juifs, les Arméniens et les guèbres s'affaiblissent, au contraire, chaque année. La Perse a de tout temps été remarquable par la splendeur et la magnificence de ses villes. Ispahan a cédé à Téhéran l'honneur d'être la résidence royale; mais Ispahan est resté le point le plus peuplé de la Perse. Lorsqu'on voit de loin cette ville, ses palais élevés, ses dômes, ses mosquées coupés par des massifs d'arbres, les longues avenues qui y conduisent, le voyageur peut espérer plus d'éclat qu'il n'en rencontrera en effet; et les ruines anciennes mêlées aux constructions modernes attestent, au contraire, une splendeur bien déchue; mais, tel qu'il est, Ispahan peut encore exciter une vive admiration. Deux beaux ponts sont entretenus sur le Zainderoud, les colléges ont été conservés, des palais antiques sont encore debout et intacts. Le nouveau gouverneur, Hajy-Mahomet-Hussein-Khan, en a même construit de très-beaux pour engager le souverain à venir reprendre l'ancienne résidence du maître de la Perse.

Il n'y a point d'édifice dont l'aspect soit plus frappant que celui des palais orientaux; la grande salle, qui en occupe le milieu, est en général très-ouverte, et soutenue sur des piliers qui sont sculptés et dorés avec le plus grand soin. De larges fenêtres, aux vitres artistement coloriées, laissent pénétrer un jour très-adouci; des tapis, des coussins, des draperies et des vases ornent l'intérieur de cette salle. Une fontaine jaillissante se voit habituellement dans un grand espace découvert, au-devant de l'appartement. C'est là que se tiennent les esclaves, qui épient le moindre signe de leurs maîtres pour le servir en même temps qu'ils expriment un désir. Les constructions sont en général d'un style gracieux et léger ; mais elles n'ont ni régularité ni magnificence. La suite de petits palais bâtis dans les avenues du Charbagh (quatre jardins), offre un coup d'œil très-pittoresque, et rend ce quartier le plus agréable de la ville. Les principaux marchés d'Ispahan sont couverts ; il s'y trouve de chaque côté un espace élevé pour l'exposition des marchandises ; le milieu de la route est occupé par les passants qui traversent à pied ou à cheval le lieu de la vente. Les caravansérails (auberges), les bains publics sont très-beaux. A l'extérieur, les maisons n'offrent que de grands murs nus et sans fenêtres ; une seule porte, pratiquée sur la rue, ouvre dans la cour de ces maisons. Là seulement se dévoile toute la vie intérieure des Orientaux. Sur cette cour, plantée d'arbres, entourée de fleurs et rafraîchie par des jets d'eau, s'ouvrent les appartements des hommes. A côté, mais tout-à-fait à part, se trouve le bâtiment des femmes, donnant également sur une enceinte ornée et découverte. Des ventilateurs, placés sur le haut des maisons, remédient à l'inconvénient de l'entassement et de l'élévation des constructions dans des climats aussi brûlants durant l'été.

Téhéran n'a pas d'autre monument remarquable que le palais du roi. Le sultan Kurrym-Khan a orné Shiraz d'un bazar magnifique ; mais cette ville a peu de jardins ; ses maisons sont enduites de terre, et l'aspect en est triste. Hamadan, si fameuse autrefois sous le nom d'Ecbatane, n'a plus à offrir au voyageur que le petit dôme qui couvre les restes de Mardochée et d'Esther, sur lesquels on lit les inscriptions suivantes, en langue hébraïque : « Le jeudi, quinze du mois d'Adar, dans l'année 4474 de la création du monde, fut finie la construction de ce temple, sur les tombeaux de Mardochée et d'Esther, par les deux bienveillants frères Elias et Samuel, fils de feu Ismaël-Kashan.

« Alors à Suse, dans le palais, il y avait un certain juif, dont le nom était Mardochée, fils de Jaïr, fils de Shemei, fils de Kesh, un benjamite, car Mardochée le juif était le second sous le roi Absuerus, et grand parmi les juifs, et agréable à la multitude et à ses frères, cherchant le bien de ses frères, et parlant le langage de la paix à toute l'Asie. »

Le grand médecin Avicenne (1) a son tombeau près

* Célèbre philosophe et médecin arabe, né à Beckhara en 980 après Jésus-Christ. Il avait beaucoup d'esprit et une mémoire prodigieuse. Il devint médecin et visir du sultan Caboul, et mourut en 1036, à cinquante-six ans.

de celui du célèbre juif. Plusieurs villes de la Perse sont remarquables par leurs édifices et le pittoresque de leur situation ; elles sont d'ordinaire placées sur de petites rivières ou ruisseaux, et environnées de jardins. Presque toutes les villes de Perse ont quelque fortification. C'est ordinairement un grand mur de terre, flanqué de petites tours, et quelquefois protégé par un fossé sec et profond et un glacis grossièrement fait. Dans chaque ville ou bourg il y a un ou plusieurs caravansérails publics pour recevoir les voyageurs. Ces maisons, qu'on trouve aussi à chaque relai sur les principales routes du royaume, sont en général bâties en pierres ou en briques; la forme en est carrée, et tout l'intérieur est partagé en appartements séparés. Les murs, très-élevés, sont pour la plupart protégés par des tours qui servent de défense contre les attaques des voleurs. On voit peu de maisons en Perse qui ne soient construites en terre, et dont les toits ne soient en terrasse. La distribution intérieure des appartements est mieux entendue qu'on ne le croirait à en juger par l'extérieur. Les petits villages sont en général très-grossièrement bâtis; et les huttes communes, au lieu d'être couvertes d'une terrasse, ont d'ordinaire leur toit en dôme. Cette différence a pour objet d'éviter l'emploi du bois, qui, dans tout le pays, est un article rare et cher.

Il y a à peine quelques grandes routes dans toute la Perse ; à la vérité elles n'y sont pas fort nécessaires, puisque l'usage de voitures à roues n'est pas encore introduit dans cette contrée. Des sentiers inégaux et difficiles ont été pratiqués sur les montagnes qui bornent et entre-coupent le royaume. On a souvent fait sentir aux Persans les grands avantages qu'ils pourraient retirer de quelques bonnes routes ; mais ils ont de la répugnance à accepter une amélioration propre à diminuer un des obstacles naturels qui protégent le pays contre les invasions. Une large route ou chaussée, construite avec beaucoup de peine sur le Kaufelan-Koh, montagne élevée et déserte qui sépare l'Irak et l'Aderbijan, fait seule exception au système général ; encore ce travail est-il attribué aux Turks, qui, à l'époque où ils étaient maîtres de cette dernière province, désirèrent de faciliter les invasions ultérieures qu'ils se proposaient de faire dans la Perse.

Par un aveuglement commun aux gouvernements absolus, l'industrie est soumise à une surveillance qui s'étend sur tous les ouvriers, et les empêche de chercher à perfectionner leurs divers métiers. Toute invention nouvelle, tout travail un peu remarquable, peut être enlevé à son propriétaire, au bénéfice du prince ou des officiers de justice. D'ailleurs, l'invention est toujours soumise aux soupçons d'hérésie, et il est dangereux de se montrer ennemi de la routine traditionnelle. Les riches bâtissent volontiers des monuments d'utilité publique, comme des bains, des bazars ou des mosquées; mais personne n'éprouve le besoin de s'occuper des progrès des arts et des sciences.

L'agriculture ne s'est pas améliorée depuis les temps les plus reculés. Cependant les fruits et les légumes, principale nourriture des Anatijars, sont excellents en Perse. La pêche est originaire de ce pays.

Plusieurs produits des manufactures de Perse sont remarquables, particulièrement les brocarts d'or, les soieries, les châles, imités de ceux de Cachemire, que l'on fait avec la laine du Kerman. On fabrique aussi des toiles de coton, moins parfaites que celles de l'Inde. Les Persans ont aussi des manufactures de verre, et quelquesunes d'une terre grossière imitant la porcelaine ; mais ce dernier article est loin d'avoir atteint quelque perfection. Dans les arts mécaniques, les Persans ne sont pas inférieurs aux autres nations de l'Orient ; mais ils ne les surpassent pas. Ils travaillent bien l'acier : leurs épées, quoique fragiles, sont d'une excellente trempe et d'un bon usage. Ils font des armes à feu et fondent des canons ; mais les encouragements manquent toujours à l'industrie étrangère comme à l'intelligence des ouvriers nationaux. Pour graver et dorer, il est difficile de surpasser leur habileté ; ils émaillent aussi sur or et sur argent avec beaucoup d'art. Leurs ornements, qui sont faits de ces métaux et de pierres précieuses, offrent souvent un travail admirable.

Quant à la chimie, son objet principal est toujours la

recherche de la pierre philosophale ; les alchimistes persans poursuivent continuellement l'espoir de cette fabuleuse découverte. Après les croisades, on a vu en Europe des hommes graves et instruits consacrer leurs veilles et sacrifier l'héritage de leurs familles à des espérances ayant le même but *. Cette pierre philosophale, dont la vertu serait de faire de l'or, est aussi difficile à trouver qu'une baguette de fée.

D'adroits fripons spéculent cependant sur cette croyance, et on a vu dernièrement un pauvre marchand payer de sa fortune une recette pour faire de l'or. Le vendeur avait eu le soin de mêler quelques parcelles de métal à une terre grossière : il gagna un domestique du marchand, qui, lorsque son maître lui commanda d'aller chercher, pour l'expérience, la première terre venue, apporta le panier préparé d'avance. Deux fois cette terre, passée au creuset, déposa des parties du métal qu'elle recélait. Le marchand, ivre de joie, compta une somme considérable au filou ; mais, lorsque le panier fut épuisé, sa fortune se trouvait réduite à la valeur de quelques pièces de monnaie. Le malheureux avait lâché la proie pour l'ombre, en donnant ses biens acquis, en échange d'un espoir chimérique.

---

* Les têtes couronnées n'ont pas été exemptes de cette folie, et la grande Marie-Thérèse, dans le siècle dernier, a souvent partagé les chimériques espérances de François Ier, son époux, dans ses expériences sur le même sujet.

La médecine est plus souvent basée sur des pratiques superstitieuses qu'appuyée sur la science. Des recettes mystérieusement transmises de génération en génération dans les tribus, sont en grande faveur. En vain les gens éclairés ont-ils voulu répandre l'usage de la vaccine ; il n'a pas encore été adopté par le peuple, malgré les ravages que la petite vérole exerce dans les climats chauds.

Mais rien n'est plus arbitraire en Perse que la science judiciaire. Le bon plaisir de chaque cadi (juge) décide des petites querelles comme les gouverneurs tranchent à leur gré les questions plus graves, et il est impossible à l'homme qui se rend coupable d'un délit, de prévoir d'avance la peine qu'il encourt. Cela tient tout à la fois à la tournure d'esprit du juge et à la disposition où le trouvera la plainte.

La géographie et l'astronomie sont restées dans l'enfance ; les prétendus savants ne connaissent pas même la forme précise de la terre. Les astres ne sont guère consultés que par rapport aux croyances superstitieuses de l'astrologie. Quant à la littérature, quoique retardée sous plus d'un rapport, elle a de grandes beautés qui sont propres au génie particulier des Orientaux. La poésie persane est surtout très-riche, et le Shah-Nameh est, sous ce rapport, une œuvre d'une grande beauté.

Les contes, les fables, les apologues obtiennent une haute faveur, comme nous avons eu plus d'une fois l'occasion de le montrer. La musique est très-cultivée en Perse. On y fait usage d'un grand nombre d'instruments; mais ils sont originaires de l'Inde. Pour la peinture, il ne se fait rien de mieux à présent dans le royaume, que les tableaux placés depuis trois cents ans dans le palais d'Ispahan, sous le règne de Shah-Abbas. Les couleurs modernes sont très-brillantes; mais les dessins pèchent toujours par les règles de la perspective, dont les Persans n'ont aucune notion.

La cour actuelle de Perse a introduit dans son cérémonial des usages qui se ressentent de l'origine turque des princes Kujurs. Les rejetons mâles de la famille royale ne restent plus entre les mains des femmes du harem que pendant leur première enfance.

Les soins donnés à l'éducation qu'ils reçoivent alors portent sur les formalités religieuses et sur les lois de l'étiquette du palais. Aussi voit-on, dès l'âge de cinq ans, les princes aussi graves dans les mosquées et en présence du souverain que leurs gouverneurs. A le lecture du Coran, premier livre où ils apprennent à lire, on joint les œuvres du poète Sadi, et quand un prince a réuni à cela quelques notions de grammaire, qu'il sait expliquer un peu de syntaxe, de logique, la loi sainte et la philosophie, ses études sont terminées, à moins que, par une rare exception, il n'ait pris goût à l'étude et ne veuille s'y livrer par amour pour les sciences. Cette tendance ajoute alors beaucoup

à la considération accordée au prince ; car le savoir suf-
firait pour relever la dernière des conditions sociales en
Perse.

Le roi doit se lever de bonne heure ; ses esclaves ap-
prochent seuls de son appartement intérieur, dont le service est fait par des femmes. Deux heures après le premier lever, un cérémonial, auquel on donne le même nom,
se répète dans les appartements extérieurs. Les princes
du sang y assistent ; une audience s'ouvre ensuite pour les
ministres et les officiers publics, appelés à rendre compte
des différentes parties de l'administration qui leur sont
confiées. Ces soins terminés, sa majesté demande son déjeuner. La préparation de tous les mets de la table du
roi est surveillée par le premier officier de la maison ; tout
est servi dans des plats de belle porcelaine ; un précepte
de la loi mahométane défend d'avoir des plats en or ou en
argent ; les couvercles seuls peuvent être de ce métal.
On renferme tout le déjeuner dans une boîte, scellée, ca-
chetée, et recouverte d'un beau châle. Le cachet est brisé
devant le roi par l'intendant, qui reconnaît d'abord si le
sceau n'a point été altéré ou changé. C'est une grande faveur pour les jeunes princes d'être admis à ce repas. Le
premier médecin en est le témoin obligé, afin d'administrer des remèdes à propos, si par hasard le roi se trouvait
malade. Le motif non avoué de cette précaution est la peur
d'un empoisonnement. Pendant la journée, le roi rentre

dans son harem, au milieu de sa famille. Il reparaît dans le palais avant le coucher du soleil, et s'occupe encore d'affaires publiques, puis il monte à cheval ; on sert son dîner entre huit et neuf heures avec les mêmes précautions et le même cérémonial qu'au déjeuner. Le roi mange, comme tous les Persans, sur un tapis recouvert dans la longueur d'une toile richement brodée. Quelques rois de Perse ont osé se permettre ouvertement l'usage du vin ; personne de la famille régnante n'a enfreint de cette manière la loi de Mahomet. Le breuvage servi aux repas royaux est composé de sorbets, de différents fruits ; on les apporte dans des bols. Il y a peu de pays où l'on mette plus de soin à flatter le palais par des mets délicieux. Le dîner fini, le roi se retire dans les appartements intérieurs, où s'exécutent en sa présence des jeux et des danses auxquels le dernier roi, Feth-Aly-Shah, prenait un grand plaisir.

Le roi de Perse a toujours eu un historiographe et un premier poète ; l'un écrit les annales de son règne, l'autre, qui tient un rang à la cour, compose des odes à sa louange, et célèbre avec toute l'ardeur de la reconnaissance la munificence de son patron. Un géant et un nain faisaient, à une époque récente, partie de la cour ; jamais on n'y manque d'un bouffon, qui jouit d'une très-grande liberté de parole, et prend dans ses vêtements, ainsi que dans ses manières, l'extérieur d'un fou. Les courtisans, à l'exemple du souverain, montrent une entière indulgence pour les malicieuses facéties du bouffon (le wely). Kurrym-Khan était né dans une tribu indigène de la Perse, dont le dialecte et les habitudes passaient pour barbares. Ce prince, étant un jour assis en public, donna ordre, par forme de plaisanterie, à son bouffon d'aller savoir ce que voulait un chien qui aboyait très-haut. Pendant que les courtisans souriaient de la saillie du monarque, le bouffon alla comme on le lui avait dit, et écouta pendant quelque temps le langage du chien ; puis il revint d'un air très-grave dans la salle d'audience. « Il faut, dit-il au roi, que votre majesté envoie un officier de sa propre famille pour savoir ce qu'exprime ce monsieur ; il parle le langage de la tribu de Zund, et je n'en comprends pas un seul mot. » Kurrym-Khan rit de bon cœur de cette repartie, et fit un don au plaisant pour le récompenser de sa réplique. Cette anecdote fait voir que les bouffons actuels de la Perse jouissent des mêmes priviléges que ceux qu'on entretenait dans les cours et dans les châteaux d'Europe, il y a plusieurs siècles.

Un conteur d'histoires est encore une des charges importantes de la maison du roi ; et ce rôle demande vraiment un talent remarquable, parce que nulle part l'art de nouer et de conduire un récit n'est exercé d'une manière plus ingénieuse qu'en Perse ; il faut non-seulement moduler sa voix selon les différentes scènes que l'on retrace, mais encore donner la pantomime de son histoire. Réussir en ce genre peut conduire à la réputation et à la fortune; mais beaucoup s'y essaient, et peu y parviennent. Lorsque les lieux et les circonstances l'exigent, le conteur doit savoir redire les faits historiques, ou mêler les accents de la poésie, et citer les plus beaux passages des meilleurs poètes pour charmer les oreilles du souverain et de l'auditoire qui l'entoure. Pour dissimuler les ennuis d'une longue marche à travers des plaines arides, le narrateur a recours aux contes de génies et d'enchanteurs ; il décrit des jardins ombragés, des palais remplis de jets d'eau, et son imagination les peuple de créatures plus belles et plus séduisantes que la réalité ne saurait en offrir. Il fait parler tour à tour une sultane orgueilleuse et sa timide et belle esclave. Puis sa voix tonne comme celle du guerrier, ou répète les gémissements d'une mère qui reçoit son fils expirant après la victoire. Aux larmes qu'il a fait couler, le conteur fait succéder une folle joie, en racontant quelque ruse habilement ourdie, au moyen de laquelle l'adresse l'aura emporté sur toutes les précautions de l'avarice ou de la peur.

Il n'y a point de cour plus sévère sur l'étiquette que la cour de Perse. Les regard, les gestes, les mouvements, tout est réglé d'avance; chacun a sa place marquée, et s'y retrouve chaque jour dans la même attitude que la veille; princes et courtisans épient les regards du maître; s'il

parle, on lui répond à l'instant, mais le corps reste immo-
bile, tandis que les lèvres répondent dans les formules
voulues.

Dans les occasions extraordinaires, telles que l'arrivée
des ambassadeurs, ou les fêtes, la cour de Perse déploie
une magnificence inimaginable. Feth-Aly-Shah a surtout
mis un grand luxe à recevoir les ministres européens qui
lui ont été envoyés. Quand l'ambassadeur arrive dans
l'enceinte de la demeure royale, les hommes et les chevaux sont rangés immobiles dans la cour. Un officier introduit l'étranger dans la salle d'audience : c'est une pièce
magnifique, ouverte sur un jardin orné de fontaines ;
depuis le trône jusqu'à l'entrée du jardin, les princes, les
ministres, les nobles, les courtisans et les gardes du roi
sont rangés dans l'ordre qu'ils doivent occuper. Tous
étalent un grand luxe de costumes ; mais rien ne saurait
se comparer à l'éclat du souverain ; son trône et ses vêtements resplendissent des pierreries les plus belles qu'on ait
jamais vues. Deux officiers, porteurs de baguettes émail-
lées d'or, avertissent l'ambassadeur de saluer. On pro-
nonce son nom au roi, qui lui dit : « Vous êtes le bien-
venu. » Et les officiers le conduisent à une place désignée
pour lui, à quelque distance du trône. Quand les lettres
de créance sont lues, le roi, par forme obligeante et pour
remettre l'envoyé de la pompe dont il doit être frappé,
lui adresse quelques paroles moins graves et reçoit les

11.

présents qu'il lui offre, mais sans jamais témoigner la moindre admiration; car les chefs-d'œuvre les plus précieux ne sauraient être un objet inattendu pour le souverain de la Perse.

On n'a point encore fait usage de voitures à roues, et cela tient au mauvais état ou plutôt à la privation de grandes routes en Perse. Les rois sortent à cheval ou en litière suspendue entre deux mulets. Le respect qu'on a pour la personne royale se transmet à tout ce qui émane d'elle. Les plus grandes formalités accompagnent la réception d'un firman (ordre), quand il parcourt les provinces. Il y a quelque temps, un portrait de Feth-Aly-Shah fut envoyé au gouverneur du Scind; le cadre était enfermé dans une caisse portée en litière, et, bien que l'image fût invisible, elle reçut des hommages et des harangues partout où elle passa. Les gouverneurs venaient la recevoir et la saluer à la tête d'une escorte, et l'accompagnaient encore au loin, jusqu'à ce qu'une nouvelle députation vînt continuer le même office sur la route opposée.

L'imprimerie est inconnue en Perse; aussi l'écriture y est-elle en grande faveur, et le prix des livres très-élevé.

Dans la classe moyenne, celle des marchands, on rencontre des hommes instruits qui ont de l'élégance dans les manières, et des idées beaucoup plus dégagées des superstitions nationales que celles des autres habitants de la Perse.

On a ouvert des écoles dans toutes les villes pour l'instruction de la classe industrielle. L'enseignement y est très-borné; néanmoins, les enfants instruits là deviennent des hommes infiniment supérieurs à ceux des dernières classes de la nation.

Les Persans ne portent pas de linge sous leurs vêtements, et dans les classes inférieures, quand on a mis une fois un habillement, on ne le quitte guère que lorsqu'il est usé. Rien ne pourrait conserver la santé d'un peuple avec de telles habitudes, sans les ablutions qui sont ordonnées par la religion, et sans l'usage si facile des bains chauds qu'on trouve dans les villes et les villages de la Perse. Pour quelques pièces d'une petite monnaie de cuivre, le voyageur et l'ouvrier sont à portée de jouir de cet heureux luxe.

Les amusements publics sont les mêmes pour toutes les classes; des illuminations, des feux d'artifice, des lutteurs, des jongleurs indiens, des bouffons, des marionnettes, des musiciens ambulants et de petits danseurs amusent, dans les grandes fêtes, les gens de tous les rangs. Monter à cheval, faire des visites, se promener dans les jardins, ou bien s'asseoir en groupe pour écouter des contes ou des vers, sont les plaisirs réservés aux gens aisés.

De toutes les vertus, celle que les Persans tiennent le plus généralement à honneur de remplir, c'est l'hospitalité. On cite d'incroyables exemples de la prodigalité des chefs de tribus, à l'égard des hôtes qu'ils convient à les visiter, ou même des étrangers que le hasard leur amène. Presque partout un accueil bienveillant attend le voyageur qui se présente sur le seuil d'une maison inconnue, ou à l'entrée d'une tente, pour y demander l'abri et la nourriture.

Nous savons que les Orientaux épousent plusieurs femmes, et les tiennent enfermées dans leurs palais. Si elles sortent quelquefois pour faire des emplettes, elles doivent se tenir soigneusement voilées sous des tissus épais qui ne laissent deviner aucun de leurs traits.

Le divorce est autorisé en Perse; mais les conditions en sont si difficiles, qu'on ne le pratique presque jamais.

Un mariage est, en Perse, l'occasion des plus folles prodigalités : les fêtes données dans cette circonstance durent plus d'un mois chez les riches, et les pauvres ne les maintiennent pas moins de trois jours. Le premier, on assemble la compagnie; le second est consacré à l'importante cérémonie de teindre les mains, et le troisième au mariage. Dans tous les rangs, en Perse, le marié paraît, en son jour de noces, vêtu des plus belles choses qu'il ait pu se procurer. Ses amis et ses proches le traitent avec la plus grande déférence; il a droit au premier rang partout où il se présente. Deux de ses proches se dévouent, tant que durent les fêtes, à exécuter ses ordres, et ils prennent les titres, l'un de la main gauche, l'autre de la main droite du marié.

La fiancée n'est pas moins honorée dans sa famille ; mais les réjouissances sont moins bruyantes autour d'elle. Quand elle est baignée, parfumée, et vêtue des plus riches habits que la famille puisse avoir, elle s'assied en cérémonie, et reçoit des présents de ses amies. Puis on la couvre d'un voile écarlate, et elle est placée sur un cheval, pour être conduite à la demeure de son mari, qui la reçoit sur le seuil de la porte.

Si la mariée est fille d'un chef ou d'un ancien, elle est accompagnée par tous les cavaliers qui sont soumis à son père. Le cortége est grossi par des danseurs et des musiciens. Dès que le marié aperçoit la cavalcade, il monte à cheval à son tour, et tenant en main une pomme ou une orange qu'il lance de toute sa force à la mariée ; cela fait, il retourne, à toute bride, vers sa demeure. Les protecteurs de la mariée doivent tâcher de le saisir, et celui qui y réussit a pour récompense son cheval et ses habits, si le mari est riche. Parmi les pauvres il rachète ces objets au prix d'une légère indemnité. Mais le marié ne se laisse pas souvent prendre, et comme c'est un point d'honneur pour lui d'échapper à ses poursuivants, ses amis protégent tous sa fuite, et il s'est pourvu d'avance du cheval le plus léger de sa tribu.

Arrivée à sa future demeure, la mariée est conjurée par les femmes qui l'accompagnent de ne pas se laisser persuader de descendre. La famille du marié, au contraire, s'empresse autour d'elle, et la prie de venir dans la maison de son mari. Cet instant est le seul moment où la femme orientale exerce quelque pouvoir. Elle règle alors les conditions de son mariage, fixe le douaire qui doit lui rester, en cas de veuvage ou de divorce ; elle reçoit des présents de la nouvelle famille, et ne se rend enfin à leurs désirs que lorsque son indépendance a été quelque peu défendue.

Les femmes qui habitent les villes sont dans un état complet de servitude, et leur caractère répond à cette triste situation. Mais, dans les tribus errantes, elles jouissent d'une heureuse liberté et elles s'en montrent dignes. On rencontre parmi ces femmes des exemples de courage et d'une élévation de sentiments incompatibles avec la situation dégradée des femmes élevées dans l'oisiveté des harems.

L'ensemble de ces observations prouve que la Perse est bien loin d'avoir atteint un haut degré de civilisation, et il n'est guère possible de prévoir quelque changement favorable dans les habitudes et les croyances de la nation. Mais il est juste d'espérer que la Providence, qui n'a déshérité aucun de ses enfants, régénérera tour à tour toutes les parties de la terre. Les siècles à venir verront sans doute l'Asie participer un jour aux bienfaisantes croyances qui ont affranchi l'Europe de la servitude où elle était plongée avant l'avénement de la religion chrétienne.

CONTES ET ANECDOTES.

Après avoir publié son histoire de Perse, sir John Malcolm a fait paraître deux volumes remplis de détails
sur les mœurs et les coutumes du même pays. Ce second
livre, qui n'est pas traduit, complète l'ouvrage inédit de
l'ex-ambassadeur. Nous allons adresser à nos lecteurs
quelques extraits puisés dans les esquisses du célèbre
voyageur.

Il raconte une chasse au faucon dont il a été témoin.

« Les chasseurs arrivèrent dans une grande plaine, ou
plutôt dans un désert, au bord de la mer. Ils avaient des
faucons et des lévriers. La place du faucon est sur le
poing du chasseur à cheval, qui tient aussi son chien en
laisse. Une antilope ne tarda pas à se montrer. On s'en
rapprocha le plus possible ; mais aussitôt que l'animal se

vit découvert, il s'enfuit avec la rapidité du vent. La poursuite commença ; rendus à la liberté, les chiens se mirent sur les traces de l'antilope, que les chasseurs suivirent de toute la vitesse de leurs chevaux. Si un seul daim s'est montré, c'est aussi le moment où l'on fait prendre la volée au faucon ; mais si c'est un troupeau qu'on a découvert, il faut que les chiens aient choisi leur proie pour que les faucons prennent part à la chasse.

« Au moment où l'oiseau s'élève dans l'air, il s'est assuré de quel côté il doit agir et, rasant la terre, il atteint l'antilope, vient la frapper à la tête avec ses ailes, et s'il ne la renverse pas du choc, parvient du moins à ralentir sa poursuite. Quelquefois un malheureux daim est assailli ainsi par plusieurs faucons à la fois ; étourdi sous les coups, il ne peut plus fuir ; alors en un instant les chiens, les chevaux, les chasseurs l'entourent et terminent son supplice. La partie la plus surprenante de la chasse est le merveilleux accord qui règne entre les chiens et les faucons ; ils s'entendent du regard en se prêtant aide et protection avec un à-propos incroyable. Cet ensemble est le résultat d'une longue éducation habilement conduite. »

En voyage, le khater-bashy, ou maître des mules, devient un homme de la plus grande importance ; ces mule-

tiers sont généralement renommés pour leurs forces mus-
culaires et pour la vigueur de leurs poumons qu'ils exer-
cent continuellement en souhaitant mille maux, en cette
vie et dans l'autre, aux bêtes et aux gens qui ne gardent
pas leur place dans le cortége.

A sa première mission en Perse, sir John Malcolm loua
un conducteur de mules, appelé Hadji-Hashem; cet
homme était par sa force et son caractère la terreur des
caravanes. Dès le second jour de marche, il eut une violente altercation avec l'intendant de l'ambassadeur;
comme ils se querellaient sans se comprendre, la scène
avait quelque chose de comique; mais tout-à-coup l'intendant prit le Hadji par la taille, et, avant qu'il eût le
temps de faire un mouvement, le jeta rudement en bas de
sa mule, et exprima sa colère d'une voix que le muletier
aurait vainement cherché à dominer.

L'ambassadeur, témoin de cette scène, s'attendait à recevoir des plaintes du muletier. Le lendemain, au contraire, celui-ci, frappé de la supériorité physique de son
adversaire, demanda à être attaché exclusivement au service du robuste intendant et, cette faveur lui ayant été
accordée, il s'établit une amitié très-sincère entre les
deux hercules.

Si le muletier avait su l'histoire de son pays, il aurait
pu appuyer sa conduite d'un semblable exemple pris très-
haut, et montrer que ce n'était pas la première fois qu'un

homme accordait son estime à celui qui l'avait surpassé dans les rudes qualités qu'il possédait lui-même à un si haut degré.

L'empereur de Constantinople, Mahmoud-le-Grand, rival de Nadir-Shah, désirant abaisser la vanité de ce conquérant et sachant qu'il s'estimait surtout pour sa voix de stentor et sa force corporelle, envoya au monarque persan, comme ambassadeur, un portefaix d'une forte prodigieuse et d'un organe retentissant. Pour toute mission, le Turk devait seulement remettre une lettre au roi en personne, et en rapporter immédiatement la réponse. La réputation de ce diplomate d'un nouveau genre le précéda à la cour de Perse, et Nadir, après quelque hésitation, se décida à le recevoir pour satisfaire sa curiosité. Quand le Turk s'approcha du trône, le roi, prenant l'air le plus fier et grossissant sa voix autant qu'il lui fut possible, dit à l'envoyé : « Que voulez-vous ? » Sans se laisser intimider, et avec une voix de tonnerre, qui fit paraître celle de Nadir un organe d'enfant, le Turk répondit : « Prenez cette lettre, et donnez-moi une réponse pour que je puisse retourner auprès de mon maître. »

La cour était frappée d'étonnement ; tous les yeux étaient fixés sur Nadir, qui d'abord resta confondu ; puis il se mit à rire, et, s'adressant à ses courtisans, il leur dit : « Après tout, cet homme ne manque pas de mérite. Dites à votre maître, ajouta-t-il en parlant à l'envoyé, que

je suis heureux d'apprendre qu'il a *un* homme dans ses
états, et que je loue son bon sens de nous l'avoir député
ici, afin que nous pussions nous assurer du fait. »

———

Reza - Kouli - Khan, gouverneur de Kazeroun, vint
rendre visite à l'ambassadeur. Ce vieillard portait au-dessous du front un bandeau de soie qui cachait la place où
avaient été ses yeux. On les lui avait arrachés pendant les
dernières guerres entre les familles de Zend et de Kujur,
pour la succession au trône de Perse.

Les formalités d'usage remplies, le gouverneur s'assit et
commença à raconter ses malheurs passés. Malgré la compassion profonde des auditeurs pour le vieillard aveugle,
Reza prenait un ton si plaisant, en parlant de ses aventures, qu'on ne pouvait s'empêcher de rire avec lui des
tragiques événements qu'il retraçait.

« J'étais, dit Reza, un partisan trop zélé de la famille
de Kujur pour m'attendre à beaucoup de pitié lorsque
je tombai dans les mains de la misérable tribu de Zend.
La mort me semblait inévitable, lorsque j'appris avec
étonnement que la magnanimité des vainqueurs me condamnait seulement à perdre les yeux. Un vigoureux
ferasch, serviteur attaché aux plus rudes travaux, vint
pour exécuter la sentence. Il tenait à la main un large
couteau, dont il voulait se servir ; je lui offris vingt tomans

s'il consentait à prendre un canif que je lui montrai. Un refus brutal accueillit ma prière. Le ferasch m'appela misérable, prétendit que j'avais tué son frère, et qu'il avait sollicité d'être l'exécuteur de mon supplice, afin d'assouvir sa vengeance ; son seul regret était de ne pas pouvoir me mettre à mort. Je n'avais plus de pitié à attendre de cet homme ; il me vint à l'esprit de me tirer de là d'une autre manière : prenant un air résigné, je me laissai coucher sur le dos, et l'exécuteur satisfait me considéra un instant, releva ses manches, brandit son couteau, et, le genou appuyé sur ma poitrine, se disposa à commencer son ouvrage de boucher sur le docile agneau. Absorbé par la satisfaction, il ne se tenait plus sur ses gardes ; je saisis ce moment et, relevant subitement une de mes jambes, je posai mon pied sur son estomac, et l'envoyai loin de moi, les talons par-dessus la tête, d'une façon qui vous aurait fait rire. » Reza imitait par ses gestes l'action qu'il décrivait, et riait de tout son cœur en se la rappelant. « Je m'élançai sur lui, continua-t-il ; il se releva, nous eûmes une courte lutte ; mais il fut le plus fort, et, m'ayant renversé, il parvint enfin à me laisser aveugle sur la place.

« La douleur du moment, reprit le vieux khan, fut diminuée par la chaleur du combat que cette lutte avait occasionné ; mes blessures se guérirent bientôt, et quand les Kujurs obtinrent la souveraineté de la Perse, je fus récompensé de mon dévouement à leur cause. Tous mes fils ont été placés ; je suis gouverneur de cette province. Le repos et l'abondance ne me manquent jamais ; ceux qui jouissent de la vue n'en peuvent pas dire autant. Si les revenus sont insuffisants, ou s'il arrive quelque événement pour lequel un autre gouverneur serait battu, dépossédé ou mis à mort, le roi dit : « N'y faites pas attention, c'est le pauvre aveugle Reza-Kouly ; laissez-le en paix. » Vous voyez que je n'ai aucun droit de me plaindre, étant en effet mieux défendu par la perte de la vue que je ne saurais l'être si deux bons yeux me rendaient la responsabilité de ma charge. »

LE TOMBEAU DE L'IMAN MEDHY *.

Un derviche, habile quêteur, raconta l'histoire suivante à l'ambassadeur. L'exorde de son discours était emprunté au poète Nizam, et contenait l'éloge de ceux qui, possédant l'art de raconter, font connaître à leurs auditeurs les nobles pensées des génies éteints.

Après une courte pause, le derviche reprit ainsi :

* Nous avons souvent parlé de la manière de raconter en Perse ; les deux histoires suivantes sont destinées à en donner une idée aussi exacte que possible, après avoir subi deux traductions.

Dans une vallée écartée de la fertile province du Khorassan, vivait un paysan nommé Abdulla. Il s'était marié à une Persane de son rang, qui, malgré la médiocrité de son extérieur, avait reçu de son père le nom de *Zyba*, ou la belle. L'aveuglement paternel avait jeté des semences de vanité dans le caractère paisible de la bonne femme. Cette vanité l'avait conduite à appeler ses enfants Yousuph (Joseph) et Fatime, ne doutant pas que le nom du fils de Jacob ne dût aider son fils dans sa future carrière.

En donnant à sa fille le nom de Fatime, elle avait songé au rang de la femme d'Aly, fille du prophète, et comptait sur cette protection pour l'avenir de la paysanne. En attendant, la famille d'Abdulla vivait dans une pauvreté complète. Il travaillait, lui, pour un seigneur, qui lui accordait un chaumière et lui payait ses gages en grain et en étoffes grossières qui suffisaient à nourrir et à habiller lui, sa femme et ses enfants. L'argent ne leur était connu que de nom, ils n'en avaient jamais possédé.

Un jour, par une faveur extrême, le reis, content des travaux d'Abdulla, lui donna dix piastres; le pauvre homme en éprouva tant de joie, qu'il resta muet devant son bienfaiteur. En rentrant chez lui le paysan retrouva la parole. « Voici, ma chère Ziba, dit-il à sa femme, un trésor pour vous, et il répandit l'argent devant elle. Demain, continua-t-il, après avoir joui de la surprise de Zyba, j'irai à Mesched; je n'ai jamais vu cette belle ville, je serai bien aise de l'admirer. Ma première visite sera pour le tombeau du saint iman Medhy, sur lequel repose la bénédiction de Dieu. En bon mahométan j'y déposerai deux piastres, le cinquième de ma fortune ; ensuite je me rendrai au grand bazar, dont j'ai tant entendu parler, et j'achèterai là tout ce que vous, ma chère femme et mes enfants, pourrez désirer.

— Je serai raisonnable, dit Zyba ; je n'ai besoin de rien que d'une pièce de belle soie pour m'en faire un vêtement complet.

— Rapportez-moi un joli cheval et une épée, s'écria Yousuph.

— Moi, dit tout doucement la petite sœur, je voudrais un foulard des Indes et une paire de pantoufles brodées en or.

— Tout cela sera ici demain, » répondit le paysan en embrassant son heureuse famille.

Dès le lendemain, en effet, Abdulla, un bâton à la main, prit la route de Mesched.

En approchant de la cité sainte, son attention fut d'abord attirée par les groupes de dômes brillants et de minarets élancés qui entourent la tombe du saint iman Medhy, et dont le soleil fait reluire les toits dorés. Quand il arriva à la porte du lieu vénéré, après avoir traversé de longues rues qui avaient excité son étonnement, Abdulla s'arrêta, et demanda respectueusement à un prêtre, qui lisait le Coran, ce qu'il devait faire. « Entrez, mon frère, répondit le vieillard ; donnez votre aumône et vous serez récompensé, car le plus révéré de nos califes a dit : « La « prière amène un homme jusqu'à moitié chemin du pa- « radis , le jeûne le conduit à ses portes ; mais elles ne « seront ouvertes qu'à ceux qui auront été charitables. »

Ayant déposé sans aucune hésitation, et comme un bon musulman, le cinquième de son trésor sur le tombeau, Abdulla se rendit au grand bazar. En y entrant, ses sens furent confondus par la vue, nouvelle pour lui, de la foule animée, des chevaux richement caparaçonnés, des nobles passant avec un cortége brillant, des chameaux et des mules chargés ; tant d'objets à la fois étourdissaient le pauvre Abdulla. Des deux côtés du bazar étaient deux rangées de boutiques où toutes les marchandises de l'Europe, de l'Inde, de la Chine, de la Tartarie et de la Perse, étaient déployées. Il regardait, la bouche ouverte, chaque chose qui s'offrait à sa vue, et comprenait pour la première fois quelle vie d'ignorance et de peu d'intérêt il avait menée. Tout occupé de satisfaire sa curiosité, Abdulla s'arrêtait à droite et à gauche, se laissant pousser par ceux dont il retardait la marche, et souvent exposé à être écrasé par les chevaux lancés à la course ; il ne s'apercevait pas d'abord des dangers qui l'environnaient. Cependant la mauvaise humeur finit par le gagner lorsqu'il eut été trop longtemps heurté et maudit par les passants ; il finit alors par se décider à s'occuper de ses emplettes pour s'en aller de la ville tumultueuse.

Sa première pensée fut pour Zyba ; une boutique d'étoffe se présenta à lui, il y entra. Dans ce qu'il vit d'étalé il reconnut bien les riches soieries qu'il avait vu porter dans la famille des reis ; c'était là ce qu'il fallait à sa femme. Abdulla demanda donc à voir ce que le marchand avait de plus beau. Le marchand jeta les yeux sur son chaland ; son costume le lui fit reconnaître pour un homme de la campagne ; il crut avoir affaire à un riche fermier qui n'avait pas voulu pour lui-même renoncer à ses habitudes primitives, mais qui donnait à ses filles des habits conformes à leur fortune acquise. Confiant dans cette opinion , le marchand déploya ses ballots les plus précieux, et Abdulla, émerveillé de chaque étoffe qu'on lui présentait, ne savait comment se déterminer à faire un choix. Enfin il se décida à acheter une pièce de soie pourpre, dont la bordure était richement brodée. « Je prendrai celle-ci, dit-il en la ployant et en la mettant sous son bras ; quel en est le prix ?

— Dans l'espoir de mériter votre pratique, reprit le marchand , je vous demanderai seulement deux cents piastres. »

Abdulla resta stupéfait, replaça la soie et répéta d'une voix altérée : « Deux cents piastres... Vous vous trompez sans doute ; voulez-vous dire des piastres comme celle-ci ?

Et l'acheteur tira de sa poche une des huit pièces qu'il possédait.

« Sûrement, répliqua le marchand, et c'est un très-bon marché pour une aussi belle pièce d'étoffe.

— Pauvre Zyba ! dit Abdulla avec un soupir.

— Pauvre qui ? reprit le marchand de soieries.

— Ma femme, continua Abdulla.

— Qu'ai-je à faire avec votre femme ? dit le marchand sur un ton tout différent de celui qu'il avait pris jusque-là , son espérance de vente étant fort diminuée.

— Eh bien ! reprit Abdulla d'un air de confiance, je vous dirai tout. J'ai travaillé pour le reis de mon village depuis mon enfance, et hier, pour la première fois de ma vie, mon maître m'a mis dans les mains dix piastres. Avec cette somme je suis venu à Mesched, que je n'avais pas encore vue ; j'ai donné comme un bon musulman un cinquième de mon trésor à l'iman Medby, le saint descendant de notre prophète béni, et avec le reste je veux acheter une pièce de soie brochée pour ma femme, un cheval et une épée pour mon fils, un foulard des Indes et une paire de pantoufles brodées en or pour ma chère fille. Maintenant vous me demandez deux cents piastres pour une seule pièce d'étoffe. Comment puis-je vous payer, et où prendrai-je pour les autres articles ? Comprenez-vous bien cela ? ajouta Abdulla d'un ton de reproche.

— Sortez de ma boutique, s'écria le marchand en colère, vous me faites perdre mon temps et froissez mes plus belles étoffes pour une créature aussi imbécile que vous. Allez trouver votre Zyba et vos petits enfants ; achetez des gâteaux épicés, du sucre brut pour eux, et ne me tourmentez pas davantage. En parlant ainsi, le marchand jeta sa nouvelle pratique à la porte. Repoussé de cette façon, Abdulla se dit en lui-même : Certainement, cet homme est un misérable ; mais il peut y avoir d'honnêtes gens à Mesched, et je vais en chercher un parmi les marchands de chevaux. Il s'informa où on en trouvait, et se pressa d'aller choisir le petit cheval d'Yousuph. A peine arrivé au marché aux chevaux, l'acheteur novice manifesta à vingt personnes le désir qu'il avait ; un homme, voyant l'air confiant d'Abdulla, s'offrit à le guider et à prendre ses intérêts auprès du maquignon. Rien ne pouvait être plus avantageux pour le paysan ; il se laissa conduire et passa vainement en revue toutes les écuries ; le nouvel ami d'Abdulla découvrait toujours quelque défaut majeur dans les chevaux qu'on leur présentait. A la fin il offrit d'amener sur la place un petit cheval gris tout-à fait à la convenance d'Yousuph. Abdulla y consentit avec joie. L'ami improvisé revint bientôt avec le cheval justement vanté. Abdulla déclara loyalement que c'était en effet ce qui lui fallait, et qu'il voyait déjà son petit Yousuph monté sur le dos de l'animal. Il ne fallait plus que s'entendre sur le prix. « A tout autre qu'à vous, dit le vendeur, je demanderais deux cents piastres ; mais comme j'espère m'être fait un ami en même temps que je vends mon cheval, vous ne me compterez que cent cinquante piastres pour avoir cette jolie bête. »

Abdulla recula. « Comment donc ? dit-il ; moi qui croyais que vous autres trafiquants de chevaux, vous étiez de si braves gens, vous ne valez pas mieux que les marchands de soieries. » Alors il raconta à son ami la même histoire qu'il avait dite avec si peu de succès au bazar, et ne manqua pas d'ajouter comment le négociant l'avait traité. L'homme eut à peine la patience de le laisser achever. « Et ai-je, dit-il, prodigué mon amitié et mes services au risque de me brouiller avec mes confrères, à un misérable tel que vous ? Allez retrouver votre Zyba, votre Yousuph et votre Fatime. Achetez-leur la sixième partie d'un âne ; la plus petite partie de cet animal est mieux proportionnée à vos moyens qu'un crin de la queue des chevaux que vous osez regarder. » Il laissa brusquement Abdulla après ces mots. Le pauvre homme essaya encore bien timidement de marchander l'épée, le foulard et les pantoufles ; mais le moindre de ces articles dépassait de beaucoup ses moyens.

En sortant de la ville, Abdulla avait le cœur gros de regrets ; il rencontra un saint mendiant qui criait de toutes ses forces : « Charité, charité. Celui qui donne au pauvre prête au Seigneur, et le Seigneur le lui rendra au centuple,

— Que dites-vous ? demande Abdulla. — Le mendiant répéta sa prière.

— Vous êtes la seule personne avec laquelle je puisse traiter, reprit l'homme simple : voici huit piastres, tout ce que je possède, mais ayez soin que je recoive ensuite le centuple, car autrement je ne pourrai jamais satisfaire ma femme et mes enfants. » Pour plus de sûreté, Abdulla raconta son histoire au mendiant. Celui-ci put à peine retenir son sourire, en prenant les huit piastres du paysan ; et lorsque son bienfaiteur s'éloigna, le pauvre répéta sa formule d'une voix toute joyeuse : « Charité, charité. Celui qui donne au pauvre prête au Seigneur, et le Seigneur le lui rendra au centuple. »

Quand Abdulla arriva en vue de sa cabane, sa famille accourut devant lui : Yousuph vint le premier, et demanda : « Et mon cheval, et mon épée? — Donnez-moi mon foulard et mes pantoufles dorées, mon père, dit la petite Fatime. — Montrez-moi mon vêtement de soie, ajouta Zyba, qui parut la dernière. — Les richesses vous ont changé, mon cher Abdulla, continua la bonne femme; votre visage est grave; mais c'est que, sans doute, pour n'être pas trop chargé, vous aurez loué un porteur qui rapporte les présents chez vous, et vous pensez que nous n'aurons pas la patience de l'attendre. »

Abdulla secoua la tête sans rien dire ; son silence était de mauvais augure. Du moins, Zyba voulut, elle, lui laisser tous les embarras d'une explication ; elle ne fit plus une question. Arrivé chez lui, le pauvre homme raconta naïvement son aventure, et les reproches de Zyba éclatèrent avec violence. Dans sa colère, elle alla elle-même raconter au seigneur la prodigalité de son mari envers le mendiant. Le reis, indigné contre le paysan , le fit battre et lui donna une tâche difficile à remplir. Il s'agissait de creuser un puits. Zyba commença alors à se repentir des mauvais traitements et du travail qu'elle avait attirés à son mari. Abdulla était si naïf, qu'il lui pardonna de bon cœur.

Comme il n'y avait aucun moyen d'éluder les ordres de son maître, Abdulla se mit en devoir de creuser son puits : plusieurs semaines de travail l'avancèrent assez bien; l'eau ne paraissait pas encore ; mais, en creusant toujours, il rencontra sous sa pioche une matière réson- nante qu'il s'empressa de dégager. C'était un vase de cuivre : Abdulla l'ouvrit, et le trouva rempli de pierres blanches et brillantes. Sa joie en fut très-vive, car il se rappela avoir vu des bijoux semblables au bazar de Mes- ched , et eut tout de suite la pensée de les vendre. La valeur que cela pouvait avoir, Abdulla ne s'en formait aucune idée, et il remit assez tranquillement la main au travail. Un autre vase résonna de nouveau sous les coups de sa pioche, et en découvrit un troisième en tombant. Dans l'un, Abdulla trouva des pierres plus sombres , mais plus grosses que les premières. Le dernier vase contenait, à ce que pensa le pauvre homme, des morceaux d'un verre très-brillant. Pour essayer si cela se cassait facilement, il en mit quelques morceaux sur une pierre, frappa dessus à coups redoublés avec sa pioche; mais le prétendu verre n'en reçut aucune atteinte.

Sans faire part de sa découverte, Abdulla demanda et obtint un congé pour aller à Mesched. Il se rendit droit au bazar, et, avec son peu de prudence habituel, entra chez un joaillier, lui montra son trésor, en le priant de l'évaluer. Le joaillier, frappé d'étonnement, pria Abdulla de l'attendre, et courut au plus vite chez un magistrat. « Un homme, dit-il en entrant, a trouvé le trésor de Khousrou (Cyrus); il vient d'arriver chez moi, les poches remplies de diamants, de perles et de rubis, au-dessus de tout ce que l'on voit à présent; et cet homme assure avoir encore de ces pierres précieuses, plein un sac. » Pour traiter cette affaire avec toute l'importance convenable, le magistrat vint d'abord arrêter Abdulla. Celui-ci répéta vainement son histoire dans toute sa simplicité; on l'envoya, lui et ses trésors, à Ispahan, sous la garde de cinq cents cavaliers.

C'était alors Shah-Abbas qui régnait. Durant trois nuits de suite, le monarque vit dans ses songes l'iman Medhy, revêtu d'une robe verte, qui s'adressait à lui, en disant : « Abbas, protégez mon ami. » Dès qu'un roi de Perse fait un rêve important, les astrologues sont appelés à l'interpréter. Cette fois, la persistance du songe le rendait évidemment significatif; cependant les astrologues ne surent qu'en penser. Il y allait de leurs têtes, lorsque le roi apprit par un courrier l'arrestation d'Abdulla, et qu'on lui amenait, avec le prisonnier, le trésor de Khousrou. Le roi se fit donner des détails sur cette aventure, et comme chacun savait ce que le pauvre Abdulla avait répété à satiété, Shah-Abbas comprit aussitôt que le captif était le favori du saint iman. Il donna l'ordre à tous les nobles et à son armée de l'accompagner à une journée d'Ispahan pour s'en aller au-devant d'un homme protégé par l'iman Medhy. On campa en pleine campagne, dans un endroit où Abdulla et ses gardes ne pouvaient pas manquer de passer. Dès qu'on le découvrit, des soldats, apostés à cet effet, vinrent avertir le roi. Shah-Abbas s'avança vers le prisonnier, qui était assis sur un chameau, les bras liés; Zyba suivait sur un second chameau, et les enfants étaient également attachés sur un troisième. Les cavaliers formaient un carré autour de la triste famille. A un signe du roi, les gardes ouvrirent leurs rangs, on fit agenouiller les chameaux, et, de ses royales mains, Shah-Abbas détacha les cordes qui couvraient le pauvre homme, et fit également rendre la liberté à Zyba et à ses enfants. Le cortége reprit sa marche vers la ville, et s'achemina jusqu'au palais du roi. En y entrant, Abdulla, sa femme et leurs enfants furent revêtus d'habits magnifiques. Le sultan fit asseoir Abdulla auprès du trône . Le pauvre homme pensa que le monarque voulait se moquer de lui , et que ces honneurs étaient le prélude de sa perte. Pénétré de cette idée , il se jeta aux pieds de Shah-Abbas , et le supplia de vouloir bien, dans sa clémence, épargner sa femme et ses enfants.

Mais le roi le rassura , et lui raconta comment sa personne était devenue inviolable par la protection de l'iman Medhy. « Tu ne retourneras dans ta province, lui dit le roi, qu'avec la charge de gouverneur. Un sage ministre t'aidera à remplir les devoirs de cet emploi. Ta femme Zyba possède déjà le vêtement de soie qu'elle a souhaité ; je me charge de donner à Fatime et à Yousuph les présents que tu voulais leur faire, et désormais aucune de ces choses ne leur manquera. »

Abdulla devint donc gouverneur du Khorassan ; sa réputation de bonté et de justice se répandit au loin. Il répara et enrichit le tombeau de l'iman auquel il devait son bonheur. Yousuph devint le favori d'Abbas , Fatime épousa un des principaux nobles de la cour , et la bonne Zyba eut la satisfaction de rester uniquement maîtresse des affections de son mari, qui porta dans son rang élevé les habitudes de la vie humble qu'il avait d'abord menée.

AHMED LE SAVETIER.

Dans la grande ville d'Ispahan vivait Ahmed le savetier, homme honnête et industrieux, dont le plus vif désir était de passer sa vie tranquillement. Il en serait sans doute arrivé ainsi, sans la femme de l'artisan, que sa beauté rendait très-vaine et qui se croyait mésalliée, en ayant accepté le pauvre Ahmed pour son mari.

Sittara ne songeait qu'à des idées de grandeur et de fortune, et tourmentait le savetier de sa rêverie. Le bon naturel de l'ouvrier se pliait à entendre les folies de sa femme ; mais il laissait échapper des signes d'incrédulité, tout en écoutant patiemment les récits de son orgueilleuse compagne. Rien ne pouvait toutefois dépersuader Sittara qu'elle fût appelée, dans l'avenir, à jouer un rôle important.

Il arriva qu'un soir, la femme du savetier se rendit au bain ; lorsqu'elle y entrait, elle en vit sortir une femme d'un air très-fier, entourée de plusieurs esclaves, et couverte elle-même d'habits somptueux et de bijoux de grand prix. C'était là justement l'apparence que Sittara ambitionnait. Elle demanda le nom de l'heureuse créature et, ayant appris que c'était la femme de l'astrologue du roi, elle se mit à réfléchir sur ce sujet.

Au retour du bain, Ahmed attendait sa femme sur la

porte ; il lui adressa vainement des paroles amicales ; Sittara détourna son visage, et, étant entrée, elle s'adressa ainsi à son mari : « Vous me témoignez en vain de l'affection, Ahmed ; je ne croirai que vous m'aimez réellement que si vous faites quelque cas de mes avis.

— En vérité, ma chère femme, vous savez combien je vous suis attaché, et si vous me demandez une chose que je puisse raisonnablement faire, je ne vous la refuserai certainement pas.

— Eh bien ! Ahmed, il faut quitter votre vil métier, qui nous donne de quoi vivre misérablement, et vous faire astrologue.

— Astrologue ! répète l'ouvrier, astrologue ! Y pensez-vous ? Ne savez-vous pas combien je suis ignorant ? et vous me proposez de prendre un état pour lequel il faut avoir des connaissances dont je n'ai pas les moindres notions !

— Ecoutez, c'est une résolution bien arrêtée dans mon esprit, et, si vous ne devenez pas astrologue, je divorce dès demain. »

Une telle menace réduisit Ahmed à la plus triste alternative. Il essaya de faire de nouvelles remontrances : ses raisonnements échouaient tous devant la figure de femme que Sittara avait rencontrée en entrant au bain.

Que pouvait faire le pauvre homme ? il était profondément convaincu de son ignorance ; mais il aimait sa femme et, pour la conserver, il vendit sa boutique, acheta un astrolabe, un almanach astronomique, une table des douze signes du zodiaque, et s'établit sur la place du marché, où il se mit à crier : « Je suis un astrologue ; je connais le soleil, la lune, les étoiles et les douze signes du zodiaque ; je puis prédire toute chose qui doit arriver. » Aucun homme n'était mieux connu qu'Ahmed le savetier ; chacun se prit à rire de sa nouvelle prétention, et l'accabla de plaisanteries. Néanmoins, le malheureux, couvert de honte, continuait à crier : « Je suis un astrologue, je connais le soleil, etc, etc. » Car, avant tout, il tenait à plaire à sa belle femme.

Il arriva que le joaillier du roi passait par là. Il était en grande peine, ayant perdu le plus riche rubis de la couronne. Les recherches avaient été infructueuses ; il s'attendait à périr à la prochaine découverte de son malheur, et marchait au hasard, sans savoir trop ce qu'il faisait. La foule rassemblée auprès d'Ahmed attira son attention. Le costume d'astrologue lui donna un faible espoir. « Quel est cet homme si entouré ? demanda-t-il. — Ne connaissez-vous pas Ahmed le savetier ? Il a été inspiré, il a renoncé à son métier. »

Malgré les rires moqueurs qui accompagnaient ce renseignement, la situation du joaillier ne lui laissait pas le loisir de discuter ses moyens de salut. Un homme noyé se rattacherait à une herbe flottante. Il alla droit vers Ahmed, et lui raconta la perte qu'il avait faite. « Maintenant, dit-il, je vous donne six heures pour découvrir le voleur ; si vous réussissez, je vous compterai deux cents pièces d'or ; mais si vous ne me donnez aucun renseignement, soyez assuré que je vous dénonce à la cour, et vous serez mis à mort comme un imposteur. »

Etourdi, attéré par ces paroles, le pauvre Ahmed, frappé de sa détresse, fit un retour sur la cause de son malheur, et il s'écria : « O femme ! femme ! tu es plus dangereuse pour le bonheur de l'homme que le dragon venimeux du désert. » Le rubis perdu avait été dérobé par la femme même du joaillier ; et celle-ci, troublée par son crime, avait envoyé une esclave surveiller les démarches de son mari. La sentence échappée à l'astrologue donna à l'esclave la certitude que sa maîtresse était découverte. Elle rentra toute haletante, et dit à la femme du joaillier : « C'est fait de vous, ma chère maîtresse, un vil astrologue sait votre larcin, et, si vous ne trouvez pas quelque moyen d'acheter son silence, avant six heures, vous serez déclarée une voleuse, et peut-être vous fera-t-on périr. » Alors, elle répéta à sa maîtresse les paroles entendues, et la coupable ne fit aucun doute que l'astrologue ne l'eût eue en vue en les prononçant.

La femme du bijoutier, s'enveloppant à la hâte de son voile, alla à la recherche du redoutable astrologue. Quand elle le vit, elle se jeta à ses pieds en lui disant : « Epargnez ma vie, mon honneur, et je vous avouerai tout.

— Que pouvez-vous avoir à m'avouer ? répliqua Ahmed étonné.

— Oh ! rien que vous ne sachiez déjà. Votre art vous a dit que c'était moi qui retenais le rubis de la couronne du roi ; je l'ai fait pour punir mon mari, qui me traite avec beaucoup de cruauté ; par ce moyen, j'espérais le conduire à sa perte et me trouver maîtresse d'une immense valeur. Mais vous, homme étonnant, à qui rien n'est caché, vous avez découvert et déconcerté mon plan criminel. »

Un ange du ciel n'aurait pu apporter une plus grande consolation à Ahmed que ne lui en donna cet aveu. Il prit l'air digne et solennel convenable à son nouveau caractère, et il lui dit : « Femme, je sais tout ce que tu as fait ; il est heureux pour toi d'avoir avoué ton crime en recourant à ma miséricorde avant qu'il soit trop tard. Retourne dans ta maison, mets le rubis sous l'oreiller de la couche de ton mari, au coin le plus éloigné de la porte, et sois sûre que ta fraude ne sera pas soupçonnée. »

La coupable était trop heureuse d'obéir. Au bout d'une heure, Ahmed la suivit ; il dit au joaillier que les astres avaient favorablement répondu à ses interrogations, et que le rubis se trouvait en ce moment sous l'oreiller de sa couche, au coin le plus éloigné de la porte.

Le joaillier courut à l'endroit indiqué, en retira le rubis, et revint vers Ahmed, en l'appelant son ami et son sauveur. Les deux cents pièces d'or lui furent comptées, et le joaillier déclara qu'Ahmed était le premier astrologue du siècle.

Un tel succès n'enflamma pas l'orgueil du savetier; il revint chez lui, rendant grâces à Dieu dans son cœur de l'avoir tiré d'un aussi grand péril. Sittara accourut au-devant de son mari. « Eh bien ! mon cher astrologue, lui dit-elle, quelle réussite ? — Une plus grande que vous ne pouviez l'espérer, reprit gravement Ahmed; tenez, voici deux cents pièces d'or, gagnées au péril de ma vie. Contentez-vous de cette somme, et laissez-moi vivre en paix. »

Cette conclusion ne plut pas à Sittara; elle trouva, au contraire, qu'il fallait poursuivre la chance, et, malgré ce qu'Ahmed lui raconta, Sittara déclara qu'elle ne serait heureuse que lorsque sa situation égalerait celle de la femme du chef des astrologues du roi. A ce vœu, la femme hautaine ajouta la menace de divorce, qui était la raison décisive pour le pauvre Ahmed.

Le lendemain le retrouva avec tout son attirail sur la place du marché; mais ce jour-là, une foule d'admirateurs entourèrent l'astrologue. L'histoire du joaillier s'était répandue, et comme les détails en étaient ignorés, elle resta tout entière en l'honneur de la renommée du nécro-mancien. De savetier Ahmed était devenu tout-à-coup le plus habile, le plus savant astrologue de l'empire.

Tandis que les curieux se pressaient autour de lui, une

dame voilée passa près du rassemblement. C'était la femme d'un riche marchand ; elle revenait chez elle fort troublée d'avoir perdu au bain un très-riche collier et des boucles d'oreilles que son mari ne manquerait pas de lui redemander, et peut-être allait-il penser qu'elle avait donné ces bijoux. Comme l'éloge du devin était dans toutes les bouches, elle en entendit quelques mots : elle questionna les auditeurs d'Ahmed, et sut l'histoire du joaillier. La dame, tout-à-fait sûre de la science d'Ahmed, s'approcha de lui, raconta sa perte à l'astrologue, en ajoutant : « Un homme de votre pénétration, de votre science, découvrira facilement mes bijoux ; trouvez-les, je vous donnerai cinquante pièces d'or. »

En cet instant, Ahmed sentit qu'il allait perdre tout son crédit, et, fort embarrassé de sa situation, il baissa les yeux, cherchant par quel moyen il pourrait échapper à la risée publique et obtenir un délai. Dans sa précipitation à se faire jour à travers la foule, la dame avait déchiré le bas de son voile ; Ahmed le vit et, désirant lui faire remarquer cet accident d'une façon délicate, il lui dit : « Madame, regardez en bas ; vous verrez un trou. » La tête de la dame était toute remplie de sa perte, et elle cherchait à ce moment comment elle avait pu oublier où ses bijoux étaient placés. Les paroles d'Ahmed le lui rappelèrent tout-à-coup. Sa surprise et sa joie confondirent l'astrologue. « Restez ici quelques moments, lui dit-elle, je reviens avec le salaire que vous méritez si bien. » Elle s'en fut précipitamment, et revint bientôt tenant en main le collier, les boucles d'oreilles et les cinquante pièces d'or dans une bourse, qu'elle présenta à Ahmed. « Voici la récompense, lui dit-elle, ô homme merveilleux ! auquel tous les secrets de la nature sont révélés. J'avais oublié où j'avais déposé mes bijoux; sans toi je ne les aurais jamais retrouvés; mais quand tu m'as dit de regarder un trou en bas, je me suis rappelé le trou en bas du mur de la chambre de bain, où avant de me déshabiller je les avais cachés. Je rentre en paix chez moi, et c'est à toi, le plus sage des hommes, que je le dois. »

Une discussion semblable à celle de la veille se renouvela entre le savetier et sa belle femme. Sittara ne se trouvait pas encore assez riche; la femme du chef des astrologues l'emportait de beaucoup sur elle. Elle força son mari à continuer son métier. L'orgueil de sa femme causait trop de trouble au pauvre Ahmed pour que son affection résistât bien longtemps au sacrifice qui lui était imposé, et c'était autant par peur des querelles de Sittara que par tendresse pour elle, que le savetier continuait la dangereuse profession substituée à son paisible état.

A peu près dans ce temps, il arriva un grand désastre dans le palais du roi. Des voleurs s'introduisirent dans le trésor, et parvinrent à en soustraire quarante coffres d'or et de bijoux, formant la plus grande partie de la richesse du royaume. Le grand-trésorier et les autres officiers de l'état firent inutilement toutes les perquisitions possibles pour retrouver les voleurs ; ce fut en vain. Le roi envoya chercher son astrologue, et lui déclara que, si les voleurs n'étaient pas découverts dans un temps donné, lui et les principaux ministres seraient mis à mort. Le délai s'écoula ; un seul jour restait aux condamnés ; toutes leurs recherches avaient été sans fruit, et le chef des astrologues, qui avait refait cent fois ses calculs astronomiques, épuisé toutes les pratiques de son art, s'était résigné à son sort. Un de ses amis le trouva dans cette affligeante disposition, et lui conseilla de s'adresser au merveilleux Ahmed, le seul homme qui possédât vraiment la connaissance de toute chose. Deux esclaves furent aussitôt députés vers Ahmed, et le pauvre savetier, plus déconcerté que jamais, dit à sa femme : « Vous voyez les effets de votre ambition ; le chef des astrologues est justement irrité sans doute de mon audace, et je vais à la mort, aussitôt que ses interrogations m'auront convaincu d'imposture. »

L'honnête Ahmed se trompait étrangement : lorsqu'il entra dans le palais du chef des astrologues, ce personnage éminent s'avança vers, lui et le conduisit au siége d'honneur. L'étonnement de l'artisan redoubla quand l'astrologue lui adressa ces mots :

« Les desseins du Ciel, savant et excellent Ahmed, sont indéchiffrables ; les grands sont souvent abaissés, et les petits élevés. Le monde entier dépend du sort et de la fortune, et mon temps est venu d'être abaissé et persécuté. » L'astrologue en était là de son discours, lorsqu'un messager du roi vint demander Ahmed de la part du monarque. La réputation du savetier était parvenue jusqu'à l'oreille du roi. « Pour le coup, pensa Ahmed, tout est fini pour moi. » Cependant il suivit le messager en priant Dieu de le délivrer de ce péril, si cela se pouvait encore. Nul obstacle n'arrêta sa marche jusqu'au palais. Introduit dans la salle d'audience, Ahmed s'inclina jusqu'à terre, et souhaita à sa majesté longue vie et prospérité. « Vous êtes Ahmed, dit le roi ; nommez-moi donc celui qui a volé mon trésor.

— Ce n'est pas un seul homme, répondit Ahmed après un moment de réflexion ; les voleurs sont au nombre de quarante.

— Très-bien, reprit le roi ; mais leur nom ? où sont-ils ? et qu'ont-ils fait de mon or et de mes bijoux ?

— Je ne puis pas répondre maintenant à ces questions ; mais j'espère satisfaire votre majesté, si elle veut m'accorder le temps nécessaire à mes calculs.

— Quarante jours doivent vous suffire. Lorsqu'ils seront passés, si vous n'avez rien appris, vous mourrez. »

Ahmed retourna chez lui assez content d'avoir obtenu un répit qu'il comptait mettre à profit en se sauvant d'une ville où sa réputation devait le conduire à sa ruine.

Sittara était toujours aux aguets des moindres nouvelles, et elle s'attendait, voyant revenir son mari, qu'il allait encore lui remplir les mains de pièces d'or.

« Eh bien! dit-elle, Ahmed, n'êtes-vous pas bien fier? Qu'est-il survenu à la cour?

— Rien, dit-il, si ce n'est que je dois être mis à mort dans quarante jours, à moins que je ne trouve les quarante coffres volés dans le trésor royal. — Bon, vous découvrirez les voleurs. — Comment? par quel moyen? — Le même art qui vous a servi, ces jours précédents, à rendre le rubis et le collier, ne vous abandonnera pas. — Le même art, femme extravagante! tu sais bien que je n'ai pas d'art, et que j'ai feint d'en avoir pour te plaire. Cette fois-ci j'ai eu assez d'adresse pour gagner quarante jours; nous les emploierons à fuir, et, avec l'argent que je possède, je me rétablirai honnêtement dans ma profession, qui nous rendra une vie paisible.

— Homme sans énergie! reprit Sittara avec mépris, ton savetage me donnera-t-il jamais le moyen d'aller au bain dans le même costume et entourage que la femme du chef des astrologues? Entends-moi bien, Ahmed : ne songe qu'à découvrir le trésor du roi. Les chances sont aussi bonnes cette fois que les autres. A tout événement, je suis résolue de t'obliger de rester, et, si tu tentes de te sauver, j'irai prévenir les officiers du roi, qui te mettront à mort, avant que le délai de quarante jours soit expiré. Tu sais que je suis de parole; prends donc courage, et fais en sorte de me placer au rang que ma beauté devait me donner si je n'avais pas été ta femme. »

A mesure que Sittara se montrait plus méchante, Ahmed déployait plus de bonhomie et de résignation. « Eh bien ! dit-il, votre volonté sera accomplie ; tout ce que je désire c'est de passer les derniers jours de vie aussi heureusement que je le pourrai. Comme je ne suis pas un savant, et que je suis au contraire un homme fort ignorant dans le calcul, prenez quarante dattes ; mettez-les dans un vase à part, et donnez-m'en une tous les soirs, après que j'aurai dit ma prière, afin que je puisse toujours me dire combien il me reste de jours à vivre. »

La femme, satisfaite de l'avoir emporté, ne se fit pas prier pour céder à ce désir ; elle compta les quarante dattes, les enferma dans le vase, et promit d'être exacte à les donner à son mari.

Pendant ce temps, les voleurs du trésor n'avaient pas encore quitté la ville, et ils tâchaient d'être exactement informés de ce que l'on tentait contre leur sûreté. L'un des hommes de la bande se trouvait devant le palais le jour où Ahmed fut conduit au roi, et il entendit répéter que le savetier avait désigné le nombre des voleurs. Cette parole, rapportée au chef, ne l'intimida pas beaucoup. « Vraiment, dit-il, il ne faut pas un grand effort de génie pour deviner que chaque homme avait eu sa charge avec un des coffres ; toutefois, il est prudent de surveiller Ahmed, et l'un de nous ira ce soir sur la terrasse de la maison de l'astrologue écouter ce qu'il dit à sa belle femme, qu'il tient, dit-on, très au courant de toutes ses affaires. » Cette mesure fut approuvée. A la chute du jour l'espion était à son poste, et les prières d'Ahmed venaient de finir ; Sittara présenta une datte à son mari. « En voilà un des quarante, » dit l'astrologue à haute voix. Le voleur déconcerté regagna à toutes jambes son repaire, et raconta l'étrange à-propos du savetier. « Un des quarante ! il ne pouvait parler que de moi. » Ahmed comptait douloureusement le jour retranché de sa vie, mais les coupables ne savaient rien de la convention des dattes.

Cependant il fallait mieux s'assurer du fait. Ils revinrent deux le lendemain, puis trois, puis quatre ; enfin tous les quarante ; c'était le dernier jour. « Cette fois le nombre est complet, dit Ahmed, ils y sont tous les quarante. » Et la dernière datte fut mangée après que l'astrologue eut dit ces mots. Les voleurs tinrent conseil ; ils étaient évidemment connus d'Ahmed ; il allait les livrer le lendemain ; mais le bon naturel du mari de Sittara était connu, et les coupables espérèrent pouvoir acheter son silence. Le chef de la bande frappa doucement à la porte de la maison. « Quoi ! dit Ahmed à sa femme, le sultan ne me laisserait-il pas cette nuit à moi ? Je ne croyais lui devoir ma réponse que demain. » Il alla leur ouvrir et reçut les étrangers, dont le nombre ne laissa pas de redoubler ses terreurs. « Ayez pitié de nous, s'écrièrent les voleurs ; sauvez notre vie ; nous vous rendrons le trésor royal, et vous serez généreusement payé de votre discrétion à notre égard. »

Ahmed comprit que la Providence venait encore à son aide d'une façon miraculeuse ; il refusa l'or des voleurs, et consentit cependant à épargner leurs jours. « Allez, leur dit-il, enterrez les coffres au pied du mur des ruines du vieil hemmad (bain), et, si vous remettez fidèlement le compte de l'or et des bijoux, il ne vous sera fait aucun mal. »

Sittara avait été écartée de ces entretiens, son mari trouva bon de ne lui en rien dire ; les voleurs se retirèrent. Le lendemain, le sultan envoya chercher Ahmed ; Sittara voulut inutilement feindre une grande douleur ; le savetier vit bien que sa femme avait beaucoup plus d'ambition que d'attachement pour lui. Elle croyait son mari perdu et lui offrait de froids encouragements pour l'engager à prendre son sort en patience ; on voyait qu'elle comptait déjà sur sa liberté pour parvenir au rang qui lui tournait la tête.

Déjà familiarisé avec les formules de sa profession imposée, Ahmed, parvenu devant le roi, ne se hâta pas de dire ce qu'il savait ; il feignit d'achever ses calculs en présence du monarque, et lui dit enfin : « Votre majesté demande-t-elle les voleurs ou le trésor ? Les étoiles ne veulent accorder que l'un ou l'autre,» dit Ahmed en désignant quelques signes sur sa table astrologique.

— Je serais fâché de ne pas pouvoir punir les voleurs, répondit le roi; mais si cela doit être ainsi, je préfère retrouver mon trésor.

— Et vous accordez aux voleurs un entier pardon?

— Oui, pourvu que mon trésor soit intact.

— Dans le cas contraire, reprit Ahmed, le destin ne garderait plus de mystère, les coupables seraient bientôt au pouvoir de votre majesté.

— C'est bien, dit le roi; maintenant où sont les coffres?» Admed murmura quelques prières, puis il pria le roi de se rendre aux ruines du vieux bain, derrière le palais, et de faire exécuter une fouille à l'endroit qu'il désigna.

On trouva les coffres; le roi enchanté nomma Ahmed le chef de ses astrologues, voulut lui donner un appartement dans son palais pour s'attacher de plus près un homme aussi extraordinaire. Cette haute faveur aurait pu être passagère, si le roi n'avait offert à Ahmed d'épouser sa fille unique, qui était aussi belle que la lune; à ses avantages physiques, à sa haute naissance, la princesse joignait les qualités les plus précieuses; elle était pieuse, vertueuse, savante et douce, et en grande renommée pour sa science. On avait pensé qu'une femme aussi accomplie devait être la digne compagne du très-savant astrologue.

Selon l'usage, Sittara fut répudiée, à son grand désappointement; mais sa condition l'excluait de la cour, et la fille du roi ne devait pas avoir de rivale auprès d'elle. D'ailleurs, Ahmed ne regrettait plus sa belle femme depuis qu'il avait appris à apprécier son cœur.

Toutefois, Ahmed crut devoir dire la vérité à sa nouvelle épouse, et celle-ci, bien loin de le mépriser, l'en aima davantage à cause de sa sincérité et de la protection divine qui l'avait toujours sauvé du péril; et comme Ahmed témoignait quelque inquiétude pour les cas à venir que l'on pourrait soumettre à sa science, la princesse lui dit en souriant qu'elle n'agirait pas comme Sittara, et lui serait, au contraire, en aide si quelque malheur survenait. « D'ailleurs, ajouta-t-elle, vos preuves sont faites; une réputation comme la vôtre peut servir longtemps. »

Sittara tenait à se venger de son mari; elle crut lui rendre un très-mauvais service en allant raconter au roi ce qu'était en effet Ahmed, et comment il avait usurpé la réputation d'astrologue. Le souverain, fâché de n'avoir pas un savant dans son gendre, proposa à sa fille de divorcer. La princesse s'y refusa, et protesta à son père qu'elle préférait la piété d'Ahmed, sa simplicité, à tout autre avantage dans son mari. Cette réponse réconcilia le roi avec la situation de la princesse; il prit même une vive affection pour son gendre, le nomma premier visir, et eut toujours à se louer de la sagesse de ses conseils.

13 E

Le roi voulut punir Sittara; Ahmed et la princesse obtinrent sa grâce. On lui fit une petite pension, et elle eut tout le temps, dans sa modeste existence, de déplorer la perte de l'affection d'un homme tel que le premier visir de la Perse.

FIN.

TABLE.

FIN DE LA TABLE.

Rouen. Imp. MÉGARD et Cie, Grand'Rue, 156.